U0402588

全国建设行业职业教育任务引领型规划教材

建筑企业基础会计

（工程造价专业适用）

主　编　林　云
副主编　胡云春
主　审　张翠菊

中国建筑工业出版社

图书在版编目(CIP)数据

建筑企业基础会计/林云主编. —北京：中国建筑工业出版社，2011.1（2024.6重印）
（全国建设行业职业教育任务引领型规划教材.工程造价专业适用）
ISBN 978-7-112-12853-2

Ⅰ.①建… Ⅱ.①林… Ⅲ.①建筑业-工业会计 Ⅳ.①F407.967.2

中国版本图书馆CIP数据核字（2011）第005765号

本书将会计原理与建筑企业基本会计核算有机地结合起来。通过本书的学习，不仅可以使学生掌握从事建筑企业会计基础工作应具备的基本知识、基本技能和操作能力，具备从事建筑企业会计工作的基本职业技能；还可以使学生对建筑企业的经济业务核算有一个基本的认识，为工程造价专业提供服务。

本书在编写过程中以"基础理论够用为度"为原则，力求突出针对性和实用性，以基础会计的基本理论及基本技能为主线，以建筑企业的经济业务为依托，讲述建筑企业的基本经济业务核算，使学生具备进行会计核算的初步能力，同时也将引导学生尽快地跨入更深层次的专业知识学习。

本书适合用作职业学校工程造价和建筑经济管理专业的教材，也可供广大工程造价、建筑经济管理从业人员参考。

* * *

责任编辑：张　晶　朱首明
责任设计：张　虹
责任校对：张艳侠　赵　颖

全国建设行业职业教育任务引领型规划教材
建筑企业基础会计
（工程造价专业适用）

主　编　林　云
副主编　胡云春
主　审　张翠菊

*

中国建筑工业出版社出版、发行（北京西郊百万庄）
各地新华书店、建筑书店经销
北京嘉泰利德公司制版
建工社（河北）印刷有限公司印刷

*

开本：787×1092毫米　1/16　印张：14　字数：335千字
2011年4月第一版　2024年6月第十三次印刷
定价：25.00元
ISBN 978-7-112-12853-2
（20117）

版权所有　翻印必究
如有印装质量问题，可寄本社退换
（邮政编码100037）

教材编审委员会名单

主　任：温小明
副主任：张怡朋　游建宁
秘　书：何汉强
委　员：（按姓氏笔画排序）
王立霞　刘　力　刘　胜　刘景辉
苏铁岳　邵怀宇　张　鸣　张翠菊
周建华　黄晨光　彭后生

序 言

根据国务院《关于大力发展职业教育的决定》精神，结合职业教育形势的发展变化，2006年底，建设部第四届建筑与房地产经济专业指导委员会在工程造价、房地产经营与管理、物业管理三个专业中开始新一轮的整体教学改革。

本次整体教学改革从职业教育"技能型、应用型"人才培养目标出发，调整了专业培养目标和专业岗位群；以岗位职业工作分析为基础，以综合职业能力培养为引领，构建了由"职业素养"、"职业基础"、"职业工作"、"职业实践"和"职业拓展"五个模块构成的培养方案，开发出具有职教特色的专业课程。

专业指导委员会组织了相关委员学校的教研力量，根据调整后的专业培养目标定位对上述三个专业传统的教学内容进行了重新的审视，删减了部分理论性过强的教学内容，补充了大量的工作过程知识，把教学内容以"工作过程"为主线进行整合、重组，开发出一批"任务型"的教学项目，制定了课程标准，并通过主编工作会议，确定了教材编写大纲。

"任务引领型"教材与职业工作紧密结合，体现职业教育"工作过程系统化"课程的基本特征和"学习的内容是工作，在工作中实现学习"的教学内容、教学模式改革的基本思路，符合"技能型、应用型"人才培养规律和职业教育特点，适应目前职业院校学生的学习基础，值得向有关职业院校推荐使用。

建设部第四届建筑与房地产经济专业指导委员会

前 言

本书是在住房和城乡建设部建筑与房地产经济管理专业指导委员会的指导下，参照现行有关国家职业技能标准和行业岗位要求编写的全国建设行业职业教育任务引领型规划推荐系列教材之一。

本书在编写中充分体现能力本位的职教思想，从培养和提升学生的职业能力出发，以"基础理论够用为度"为原则，力求突出针对性和实用性；语言轻松活泼，简单明了；内容深入浅出，图表丰富。对于一些关键性问题，以图表形式提醒，对于具体的操作技能，以真实的图表展示出来，旨在增强学生的感性认识。

本书共分11个学习任务，以基础会计的基本理论及基本技能为主线，以建筑企业的经济业务为依托，讲述建筑企业的基本经济业务核算，按照新会计准则的要求，根据素质教育和课程改革的精神，采用图表、实例、练习、实训等形式，加强学生的理解和操作能力，使学生能掌握会计核算基础知识，学会记账、算账和报账的技术和技能，为进一步学习各门专业课程打下基础。

本书由云南建设学校林云主编，胡云春副主编。任务1、2、3、6、7、8、9、11由云南建设学校林云编写；任务4、5、10由云南建设学校胡云春编写。北京城市建设学校张翠菊任本书主审，对本书初稿内容提出了非常宝贵的意见，在此致以真诚谢意。

另外，本书在编写过程中参考了大量的财务资料，在此，对这些资料的提供者和为本书出版给予帮助的朋友们表示衷心感谢。

由于编者水平有限，书中难免存在错误与不妥之处，恳请读者批评指正。

任务1　学习会计基本理论 ······ 1
　　任务1.1　认识会计 ······ 1
　　任务1.2　会计核算的内容与方法 ······ 6
　　任务1.3　会计核算基础 ······ 9

任务2　设置会计科目和账户 ······ 22
　　任务2.1　如何设置会计科目 ······ 22
　　任务2.2　如何设置账户 ······ 26

任务3　复式记账 ······ 30
　　任务3.1　如何运用借贷记账法 ······ 30
　　任务3.2　如何编制会计分录 ······ 39
　　任务3.3　如何进行试算平衡 ······ 42

任务4　学习建筑企业主要经济业务的核算（上） ······ 49
　　任务4.1　认识建筑企业主要经济业务 ······ 49
　　任务4.2　如何进行资金筹集业务的核算 ······ 51
　　任务4.3　如何进行采购供应业务的核算 ······ 53
　　任务4.4　如何进行工程成本和期间费用的核算 ······ 59

任务5　学习建筑企业主要经济业务的核算（下） ······ 73
　　任务5.1　如何进行工程收入的核算 ······ 73
　　任务5.2　如何进行财务成果的核算 ······ 80

　　　　任务5.3　相关资金调整和退出的核算 ································· 86

任务6　填制与审核会计凭证 ··· 92
　　　　任务6.1　会计凭证的准备知识 ··· 92
　　　　任务6.2　如何填制与审核原始凭证 ··································· 94
　　　　任务6.3　如何填制与审核记账凭证 ·································· 103
　　　　任务6.4　如何传递与保管会计凭证 ·································· 116

任务7　登记会计账簿 ·· 123
　　　　任务7.1　会计账簿准备知识 ·· 123
　　　　任务7.2　如何登记账簿 ·· 134
　　　　任务7.3　如何查找与更正错账 ······································· 147
　　　　任务7.4　如何对账与结账 ··· 150
　　　　任务7.5　如何更换与保管账簿 ······································· 152

任务8　了解会计核算工作流程 ··· 160
　　　　任务8.1　简述会计核算的工作流程 ·································· 160
　　　　任务8.2　记账凭证账务处理程序 ····································· 161

任务9　清查财产 ·· 163
　　　　任务9.1　认识财产清查 ·· 163
　　　　任务9.2　如何进行财产清查 ·· 166

任务10　阅读财务会计报告 ·· 177
　　　　任务10.1　认识财务会计报告 ··· 177
　　　　任务10.2　如何阅读资产负债表 ······································ 181
　　　　任务10.3　如何阅读利润表 ·· 191
　　　　任务10.4　如何进行简单财务分析 ··································· 196

任务11　了解会计工作组织 ·· 204
　　　　任务11.1　认识会计机构和会计人员 ································· 204
　　　　任务11.2　了解会计法规 ·· 207

参考文献 ··· 213

任务 1

学习会计基本理论

任务 1.1　认识会计

◆学习目标
1. 了解会计的概念、基本职能、对象
2. 掌握会计核算的基本前提与一般原则
◆重点难点
1. 会计核算的基本前提
2. 会计核算的一般原则

1.1.1　会计的概念与职能

1. 会计的概念

在人类社会的早期，人们只是凭借头脑来记忆经济活动过程中的所得和所费；随着生产活动的日益纷繁复杂，大脑记忆已经无法满足上述需要，于是，便产生了专门记录和计算经济活动过程中的所得和所费的会计。文明古国（如中国、古埃及、古印度及古希腊）都曾对会计活动留下记载。到了现代，会计已由简单的记录和计算，逐渐发展成为以货币单位来综合核算和监督经济活动过程的一种价值管理活动。这就是我们现在所要学习的会计。

2. 会计职能

所谓"会计职能",是指会计在经济管理过程中所具有的功能。当我们提到会计职能时,相信大家第一个想到的就是会计核算或者记账。没错,会计核算是会计的一个最基本的职能,不过,这并不是会计的全部职能。因为,在现代会计中,纯粹的记账、算账、报账已经不能满足经济管理的需要,会计监督也成为了会计的一个重要职能。也就是说,现代会计具有两大基本职能,即会计核算与会计监督,如图1-1所示。

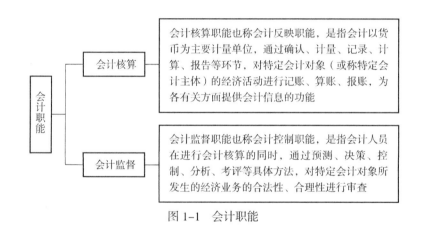

图1-1 会计职能

图1-2 会计核算与会计监督之间的关系

会计核算职能与会计监督职能是相辅相成的,只有在对经济业务活动进行正确核算的基础上,才可能提供可靠资料作为会计监督的依据;同时,也只有做好会计监督,保证经济业务按规定的要求进行,并且达到预期的目的,才能发挥会计核算的作用。两者之间的关系,如图1-2所示。

随着经济的发展和企业管理的现代化,会计的内容和方法也在不断丰富,会计的新职能也在不断涌现。一般来说,会计除具有会计核算和会计监督两个基本职能外,还具有预测、决策、预算、分析和考核等职能。

1.1.2 会计的"游戏规则"

我们来假设一下：如果你和别人合伙开了一家公司，在记账的时候，你的合伙人想把他家里的各项开支（如装修费用、水电费用等）都记到公司的账上，你会同意吗？我想，你肯定不同意，因为那些费用并不是公司的开支。

可见，账是不能随便记的。会计有自己的"游戏规则"，只有遵守这些"游戏规则"，会计工作才能起到应有的作用。具体而言，会计的"游戏规则"主要体现在其四大基本前提和十三大原则上。

1. 会计核算的基本前提

会计核算的基本前提又称"会计假设"，是对会计核算所处的时间、空间环境所作的合理设定。

假设是一种公认的、无需证明的基本前提或建议。正如任何科学的理论体系都必须依靠一些假设才能构建一样，会计理论体系也需要一系列的假设才能够建立。

会计核算的基本前提包括：会计主体、持续经营、会计分期、货币计量。会计核算对象的确定、会计政策的选择、会计数据的收集都要以这一系列的基本前提为依据。

（1）会计主体

会计主体又称"会计实体"或"会计个体"，它是指会计人员所核算和监督的特定单位，或者说是对会计人员进行核算时所采取的立场及空间活动的范围的界定。会计主体的前提要求是会计人员只能核算和监督所在主体的经济活动。这一前提的主要意义有以下两点：

1）将特定主体的经济活动与该主体所有者及员工个人的经济活动区别开来。公司是公司，个人是个人，经济责任一定要划分清楚，公司的钱不能装进个人的腰包，为个人办事，只有等公司分了红，钱才算是个人的。

2）将该主体的经济活动与其他单位的经济活动区别开来。即只有那些与本会计主体的经济利益有关，或者直接、间接导致了本会计主体未来经济利益产生变动（增加或减少）的交易和事项才可以进入本会计主体的会计信息系统。

通过会计主体假设，界定了从事会计工作和提供会计信息的空间范围，同时说明某会计主体的会计信息仅与该会计主体的整体活动和成果相关。

例如：一项商品购销业务，甲方是买方，乙方是卖方。按照会计主体的要求，会计人员应站在本企业的立场上处理业务，即甲方的会计应作商品购进的账务处理，而乙方的会计应作商品销售的账务处理。

（2）持续经营

持续经营假设是对会计主体经营时间长度的描述。其假设是会计主体在可预见的未来，将根据正常的经营方针和既定的经营目标持续经营下去，不会停业，也不会大规模削减业务。简单来说，就是假设在可预见的未来，该会计主体不会面临破产和清算。我们之所以要对企业的持续经营作出假定，有两个重要的原因，如图1-3所示。

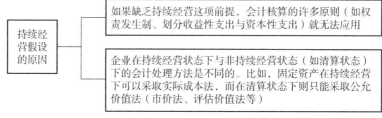

图1-3 持续经营假设的原因

可见，企业是否持续经营对会计政策的选择影响很大。只有设定企业是持续经营的，会计人员才能按照正常经营情况下的会计程序、会计处理方法进行日常经济业务核算。

（3）会计分期

会计分期又称"会计期间"，是指将一个企业持续不断的生产经营活动人为地划分为若干个相等的时间间隔，以便确认某个会计期间的收入、费用、利润，确认某个会计期间的资产、负债、所有者权益，编制会计报表。

会计分期假设是对持续经营假设的补充。根据持续经营假设，企业的经营活动是无限期的，若想了解一个企业的经营成果，必须等到企业终止经营时，但有关各方面对企业信息的需求是不能等到企业终止经营后再取得的。比如，你想投资某家公司，不可能等它经营到最后，看它是亏是盈才作决定，而是要看它上一期是盈是亏，有没有前景，然后作出决定。因此，我们需要设定会计分期假设，将持续不断的经营过程人为地划分为一个个相等的期间，对经济活动进行分期核算与反映，以定期提供经营成果。

事实上，也正是因为上述持续经营假设与会计分期假设的结合运用，会计核算中的诸多方法和原则才成为可能。有了会计分期，才产生本期与非本期的区别；有了本期与非本期的区别，才产生权责发生制与收付实现制，使得不同类型的主体有了记账的基准，进而出现了应收、应付、折旧、摊销、递延等会计处理方法。

- 会计期间为公历起讫日期。
- 会计期间分为：年度、半年度、季度、月度。
- 会计年度为公历1月1日~12月31日，短于一年的会计期间统称为会计中期。
- 会计分期只是一种人为的划分，与业务周期是不同的。有的业务周期不足一个会计期间，而有的又持续几个会计期间。

（4）货币计量

货币计量是指会计核算以货币为统一的计量尺度，记录和反映企业的生产经营活动，并假设货币本身的价值稳定不变。

企业的经营活动是多种多样的，涉及不同的计量单位，电脑论"台"、服装论"件"，如果没有统一的计量单位，就无法进行系统的会计核算。对于这个统一的计量单位，毫无疑问，最优的选择就是货币，只有选择货币尺度进行计量，才能充分反映企业的生产经营情况。货币计量的主要作用是使会计核算建立在能够汇总和比较的基础上。

单位的会计核算应以人民币作为记账本位币。业务收支以人民币以外的货币为主的单位，可以选定其中一种货币作为记账本位币，但编制的财务会计报告应当折算为人民币反映。在境外设立的中国企业向国内报送的财务会计报告，应当折算为人民币。

总而言之，会计核算的四个基本前提具有相互依存、相互补充的关系。会计主体确立了会计核算的空间范围，持续经营与会计分期确立了会计核算的时间长度，而货币计量为会计核算提供了必要的计量手段。

2. 会计核算的一般原则

明确了上述会计核算的基本前提，我们还要清楚会计核算的行为规范，即会计核算的一般原则。它是进行会计核算的指导思想和衡量会计工作成败的标准，具体内容，见表1-1所列。

会计核算的一般原则　　　　　表1-1

分　类		内　容
1.衡量会计信息质量的一般原则	客观性原则（真实性原则）	如实地反映实际发生的交易或事项，不弄虚作假，做到内容真实、数字准确、资料可靠
	相关性原则（有用性原则）	所提供的会计信息应当能够反映企业的财务状况、经营成果和现金流量，以满足会计信息使用者的需要
	可比性原则	是指企业之间的横向比较，它要求各企业采用的会计处理方法一致，即企业的会计核算应当按规定的会计处理方法进行，指标应当口径一致、相互可比
	一贯性原则	企业的会计处理方法前后各期应当保持一致，不得随意变更。它主要指同一会计主体前后各期的会计政策应当保持稳定，不得随意变更
	及时性原则	企业的会计核算应当及时进行，不得提前或滞后
	清晰性原则	企业的会计核算和编制的财务会计报告应当清晰明了，便于理解和利用
2.确认和计量的一般原则	划分收益性支出与资本性支出原则	凡支出的效益仅涉及本会计年度（或一个营业周期）的，应当作为收益性支出；凡支出的效益涉及几个会计年度（或几个营业周期）的，应当作为资本性支出。 收益性支出：仅与本会计期间相关的支出，作为当期费用。 资本性支出：与几个会计期间相关的支出，计入资产的价值

续表

分类		内容
2.确认和计量的一般原则	收入与费用配比原则	配比原则有两层含义：一是因果配比；二是时间配比。企业在进行会计核算时，收入与成本、费用应当相互配比，同一会计期间内的各项收入与其相关成本、费用，应当在该会计期间内确认
	权责发生制原则，即应计制或应收应付制原则	在会计核算中，应以"应收应付"作为计算标准来确定本期收入和费用。以权责发生制原则作为记账的基础，要求在生产经营活动中，凡是当期已经实现的收入和已经发生或负担的费用，不论款项是否收付，都应作为当期的收入和费用处理；凡是不属于当期的收入和费用，即使款项已经在当期收付，也不应作为当期的收入和费用
	历史成本原则（实际成本原则）	企业的各项财产在取得时应当按实际成本计量。各项财产如果发生减值，应当按照规定计提相应的减值准备。除法律、行政法规和国家统一的会计制度另有规定者外，企业一律不得自行调整账面价值
3.起修正性作用的一般原则	重要性原则	在会计核算过程中，对交易或事项应当区别其重要程度，采用不同的核算方式。对资产、负债、损益等有较大影响，并进而影响财务会计报告使用者据以作出合理判断的重要会计事项，必须按照规定的会计方法和程序进行处理，并在财务会计报告中予以充分、准确的披露。对于次要的会计事项，在不影响会计信息真实性和不至于误导会计报告使用者作出错误判断的前提下，可适当作简化处理
	谨慎性原则（稳健性原则）	企业在进行会计核算时，应当遵循谨慎性原则，不得多计资产或收益、少计负债或费用
	实质重于形式原则	企业应当按照交易或事项的经济实质进行会计核算，而不应当仅仅以它们的法律形式作为会计核算的依据

任务1.2　会计核算的内容与方法

◆ 学习目标
1. 了解会计核算的内容
2. 了解会计核算的七种方法
◆ 重点难点
会计核算的七种方法

1.2.1　会计核算的内容

1. 会计对象

会计的对象是指会计所核算和监督的内容。凡是特定主体能够以货币形式表现的经济活动，都是会计核算和监督的内容，也就是会计的对象。

企业的资金是指企业所拥有的各项财产物资的货币表现。以货币表现的经济活动通常又称为价值运动或资金运动。由于企业、事业和行政单位的经济活动的具体内容不同，经济活动、资金运动的方式也不相同，因此，这些单位所要核算和监督的会计对象也不一样。需要强调的是，并非企业生产经营过程的全部经济活动都是会计的对象，只有能够以货币形式表现的经济活动，才是会计的对象。

2. 会计核算的具体内容

会计核算的具体内容就是指那些必须办理会计手续、进行会计核算的会计事项。前面我们已经指出，会计核算的对象是指特定主体的资金运动及其所反映的经济活动。而这些经济活动，又是通过一系列的经济业务事项来进行的，包括经济业务与经济事项两类。其中，经济业务又称经济交易，是指企业与其他单位或个人之间发生的各种经济利益的交换，如产品销售等；经济事项是指在企业内部发生的具有经济影响的各类事件，如计提折旧等。这些经济业务和经济事项，就是企业会计核算的具体内容。

1.2.2 会计核算的七种方法

所谓会计核算方法，就是会计人员在进行会计核算时采取的一系列专门方法。会计核算方法主要包括以下七个方面。

1. 设置会计科目和账户

设置会计科目和账户是进行其他会计核算工作的基础。会计所要核算的内容很多，要想对经济业务进行系统、分类的核算，必须先根据会计制度的要求设置会计科目，然后根据会计科目在账簿中开立相应的账户，以分类地、连续地记录各项经济业务。

会计科目是对会计要素进一步分类的项目名称。账户是根据会计科目开设的，具有一定结构，用来分类连续地记录经济业务的工具。

2. 复式记账

我国会计制度明确规定，企业必须运用复式记账法进行记账。所谓复式记账法，是指对企业所发生的每项经济业务，都要以相等的金额，同时在两个或两个以上相互联系的账户中进行登记的一种记账方法。

复式记账法可以使每项经济业务所涉及的两个或两个以上的账户之间产生一种平衡关系。这样，既可以通过账户的对应关系来了解有关经济业务内容的来龙去脉，又可以通过账户的平衡关系来检查相关业务记录的正确性。

3. 填制和审核会计凭证

会计凭证分为原始凭证和记账凭证，是记录经济业务发生或完成情况的书面证明，是登记账簿的重要依据。只有通过审核的会计凭证，才能作为登记账簿的依据。

正确填制和审核会计凭证，是做好会计工作的前提。通过填制和审核会计凭证，不但可以明确经济责任，还可以对企事业单位的经济活动进行有效的监督。

4. 登记账簿

账簿是由专门格式的账页组成的,用来连续、系统、全面地记录经济业务,是记录和存储会计信息的数据库。

登记账簿简称记账,就是运用复式记账法,将会计凭证所记录的经济业务连续、完整地记入有关账簿中所设置的各个账户,为编制会计报表提供依据。通过登记账簿,可以将分散的经济业务进行汇总,连续、系统地记录每一项经济业务,了解经济活动发展变化的全过程。

5. 成本计算

成本计算是指在生产经营过程中,按照一定对象归集和分配所发生的各种费用支出,以确定该对象的总成本和单位成本的一种专门方法。

通过成本计算,可以确定材料的采购成本、产品的生产成本和销售成本,可以考核企业生产经营过程中发生的各项费用是否节约或超支。同时,通过成本计算,可以确定企业是盈利还是亏损,为企业的经营决策提供重要依据。

6. 财产清查

财产清查是指通过盘点实物、核对账目,查明各项财产物资实有数额并保持账实相符的一种专门方法。

在会计核算中,必须定期或不定期地对各种财产物资、货币资金的保管和使用情况,以及往来款项的结算情况进行清查,以监督各类财产物资的安全完整和合理使用。在清查中,如果发现账实不符,应立即查明原因,明确责任,并及时调整账簿记录,使账存数与实存数相一致,做到账实相符,以保证会计核算资料的正确性和真实性。

7. 编制会计报表

会计报表是根据日常核算资料,反映单位在特定日期内财务状况和一定时期内经营成果的书面报告性文件。

通过编制会计报表,能够对分散在账簿中的日常核算资料进行综合、分析及加工整理,为企业提供全面反映经济活动所需要的有用信息。

上述会计核算的七种方法不是独立的,它们相互联系、密切配合,构成了一个完整的方法体系,如图1-4所示。

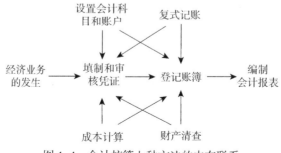

图1-4 会计核算七种方法的内在联系

任务1.3 会计核算基础

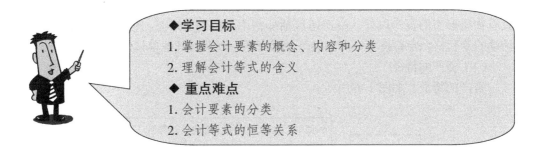

◆学习目标
1. 掌握会计要素的概念、内容和分类
2. 理解会计等式的含义

◆重点难点
1. 会计要素的分类
2. 会计等式的恒等关系

1.3.1 会计要素

会计要素就是对会计对象具体内容的基本分类,以便于分门别类地提供经济信息。会计要素是会计对象的组成部分及会计报表的基本框架,同时也是账户的归并和概括。

会计要素包括资产、负债、所有者权益、收入、费用、利润六个要素。其中,资产、负债和所有者权益是反映财务状况的会计要素,在资产负债表中体现,也称为"资产负债表要素";收入、费用和利润是反映经营成果的会计要素,在利润表中体现,也称为"利润表要素"。如图1-5所示。

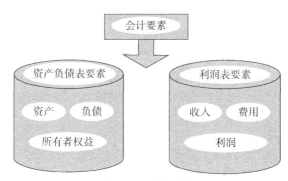

图1-5 会计要素

1. 资产

资产是指企业过去的交易或者事项形成的、企业拥有或者控制的、预期会给企业带来经济利益的资源。

一个企业要从事生产经营活动，必须具备一定的物质资源，或者说物质条件。在市场经济条件下，这些必要的物质条件表现为货币资金、厂房场地、机器设备、材料物资等，它们是企业从事生产经营活动的物质基础。除以上的货币资金以及具有物质形态的资产以外，资产还包括那些不具备物质形态，但有助于生产经营活动的专利权、专有技术、商标权等无形资产，以及对其他单位的投资和债权。

（1）资产的特征

资产的特征，如图1-6所示。

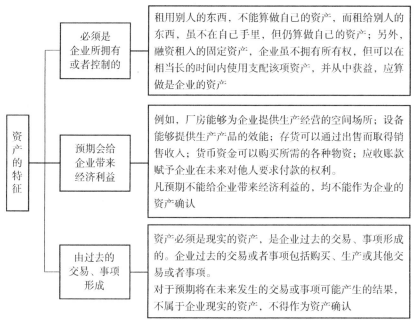

图1-6 资产的特征

（2）资产的分类

按照流动性，资产可以分为流动资产和非流动资产，如图1-7所示。

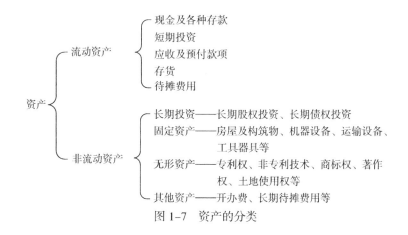

图1-7 资产的分类

2. 负债

负债是企业承担的、能以货币计量、需要在以后用资产或劳务偿付的债务。负债是由于过去的交易、事项形成的企业的现时义务,履行该义务,预期会导致经济利益流出企业。

（1）负债的特征

负债的特征,如图 1-8 所示。

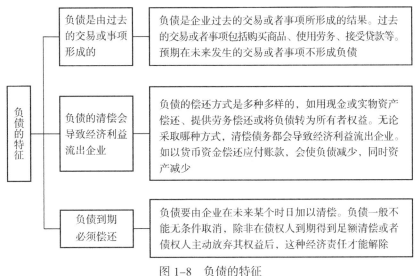

图 1-8　负债的特征

（2）负债的分类

负债按其流动性可以分为流动负债和长期负债。其中,流动负债是指预期在一年或超过一年的一个营业周期内偿还的债务,长期负债是指偿还期在一年或超过一年的一个营业周期以上的债务,如图 1-9 所示。

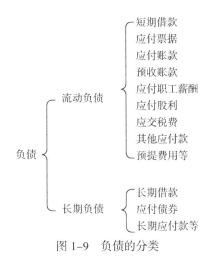

图 1-9　负债的分类

3. 所有者权益

所有者权益是企业投资者对企业净资产的所有权，是企业全部资产减去全部负债后的余额。通俗地说，所有者权益就是企业全部资产中属于投资者所有的那部分。

（1）所有者权益的特征

所有者权益的特征，如图1-10所示。

图1-10　所有者权益的特征

（2）所有者权益的分类

所有者权益按其构成要素，可以分为实收资本、资本公积、盈余公积和未分配利润四个项目。

1）实收资本

实收资本是指企业投资者实际投入企业经营活动的各项财产物资。

2）资本公积

资本公积是指投资者投入或企业由其他来源取得，而归全体投资者享有，并且金额上超过法定资本部分的资本或资产。它包括资本溢价、接受捐赠资产、拨款转入、外币资本折算差额等。资本公积可按照规定的程序转增资本金。

3）盈余公积

盈余公积是指企业按照国家规定从净利润中提取的各种公积金，包括法定盈余公积金、公益金等。法定盈余公积金主要用于弥补亏损或按规定转增资本；公益金则用于企业集体福利支出。

4）未分配利润

未分配利润是指企业的税后利润按照规定进行分配以后的剩余部分。这部分没有分配的利润留存在企业，可以在以后年度进行分配。

盈余公积和未分配利润都是从企业逐年所获得的净利润中形成的企业内部尚未使用或尚未分配的利润，统称为留存收益。

4. 收入

收入是指企业在销售商品、提供劳务及让渡资产使用权等日常活动中所形成的经济利益的总流入。

（1）收入的特征

收入的特征，如图 1-11 所示。

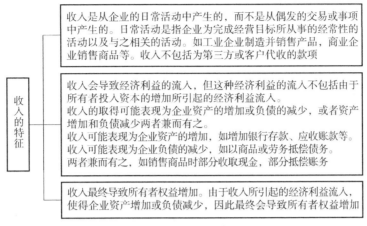

图 1-11 收入的特征

（2）收入的分类

收入按其重要程度可以分为主营业务收入和其他业务收入。

1）主营业务收入

主营业务收入是指企业从主要经营活动中取得的收入。主要经营活动可根据企业营业执照上规定的主要业务范围来确定。不同的企业，其主营业务收入可能是不相同的。如建筑企业的主营业务收入是工程结算收入；商业企业的主营业务收入是销售商品的收入；工业企业的主营业务收入是销售产品的收入；服务业的主营业务收入是劳务收入。

2）其他业务收入

其他业务收入是指除主营业务收入以外的其他销售或其他业务的收入。如建筑企业的材料销售、代购代销、无形资产出租收入、固定资产和包装物出租收入等。

5. 费用

费用是指企业在日常活动中发生的、会导致所有者权益减少的、与向所有者分配利润无关的经济利益的总流出。收入与费用之差，即企业经营活动中取得的盈利，若费用增长而收入不变，所有者权益就会减少。

（1）费用的特征，如图 1-12 所示。

（2）费用的分类

按照与收入的关系，费用可以分为成本费用和期间费用。

1）成本费用

成本费用是指计入产品、工程、劳务等成本对象的各种费用，包括直接费用和间接费用。

2）期间费用

```
                    ┌─ 费用是在企业日常活动中发生的。日常活动的界定与收入定义中
                    │  涉及的日常活动相一致。日常活动中所产生的费用通常包括销售
                    │  成本、职工薪酬、折旧费、无形资产摊销费等。
                    ├─ 将费用界定为日常活动中所形成的，目的是为了将其与损失相区
                    │  分，因为企业非日常活动所形成的经济利益的流出不能确认为费
                    │  用，而应当计入损失。如工业企业出售固定资产的净损失等
                    │
           费       │  费用会导致企业经济利益的流出，该流出不包括向所有者分配的
           用       │  利润。这种经济利益的流出，通常表现为资产的减少或者负债的
           的  ─────┤  增加（最终也会导致资产的减少）。比如，支付工资或销售费用，
           特       │  均是现实的现金流出，即使暂时不支付而形成负债，在未来履行
           征       │  相应的义务时也将导致现金的流出。
                    │  必须注意：虽然企业向所有者分配利润也会导致经济利益的流出，
                    │  但该经济利益的流出属于所有者权益的抵减项目，因而不应确认
                    │  为费用，应当将其排除在费用之外
                    │
                    └─ 费用最终会导致所有者权益的减少。根据前述所有者权益要素的
                       定义，所有者权益实际等于资产与负债相减的净额，而费用不论
                       是导致资产的减少还是负债的增加，都最终使所有者权益减少。
                       不能带来所有者权益减少的经济利益流出，是不能确认为费用的。
                       例如，用现金偿付以前期间所欠的债务，尽管是经济利益流出企
                       业，但结果是企业的负债减少，而不是所有者权益减少，所以不
                       能将该经济利益的流出作为费用予以确认
```

图 1-12 费用的特征

期间费用包括企业行政管理部门为组织和管理生产经营活动所发生的管理费用、为筹集资金等所发生的财务费用、为销售商品和提供劳务所发生的营业费用。

6. 利润

利润是指企业在一定会计期间的经营成果，它集中反映生产经营活动各方面的业绩，表明企业经营盈亏的情况，是企业最终的财务成果，也是衡量企业生产经营管理的重要综合指标。

（1）利润的确认

利润反映的是收入减去费用、利得减去损失后的净额。利润的确认主要依赖于收入和费用以及利得和损失的确认，其金额的确定主要取决于收入和费用、直接计入当期利润的利得和损失金额的计量。

（2）利润的分类

利润主要包括营业利润、投资净收益和营业外收支净额。

1）营业利润

营业利润是指主营业务收入减去主营业务成本和主营业务税金及附加，加上其他业务利润，减去营业费用、管理费用和财务费用后的金额。即：

营业利润 = 主营业务收入 - 主营业务成本 - 主营业务税金及附加
　　　　　+ 其他业务利润 - 营业费用 - 管理费用 - 财务费用

2）投资净收益

投资净收益是企业对外投资所取得的收益减去发生的投资损失后的余额。

3）营业外收支净额

营业外收支净额是指企业发生的、与其生产经营活动无直接关系的各种营业外收入减去营业外支出后的净额。

1.3.2 会计等式

1. 资金平衡关系

资金运动的静态表现反映在某一时点上的资金分布和存在、资金取得和形成两个方面。这两个方面有着相互依存、互为转化的关系。有一定的资金分布和存在形态，必然有一定的资金取得和形成来源，这是同一资金的两个侧面，表示资金从哪里来，又用到哪里去，而且两者始终是相等的，完整地反映了资金的来龙去脉。

例如，华宇建筑公司所有者投入资本 500000 元，向银行借入 100000 元，欠 A 单位货款 30000 元，用于购买建筑材料 200000 元，购置固定资产 300000 元，银行存款 80000 元，应收工程款 50000 元，则其资金总体为 630000 元，资金分布和存在形态 630000 元，资金取得和形成来源也是 630000 元，两者总额相等，如图 1-13 所示。

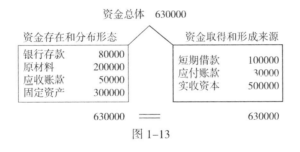

图 1-13

2. 基本会计等式与会计要素关系

基本会计等式是由会计要素组成的，反映了会计要素之间的平衡关系。

资产、负债和所有者权益三要素在资金运动静态情况下，存在着平衡关系。资产的各个项目反映了资金的分布和存在形态，负债和所有者权益的各个项目反映了资金的取得和形成来源，其平衡公式为：

$$资产 = 负债 + 所有者权益$$

资金运动在循环周转过程中，要发生一些收入和费用，收支相抵后获得利润。因此收入、费用、利润三要素在资金动态情况下也存在平衡关系，其公式为：

$$利润 = 收入 - 费用$$

上列两个平衡公式相互之间存在着有机的联系。在会计期间的任一时刻，两个公式可以合并为：

$$资产 = 负债 + 所有者权益 + （收入 - 费用）$$

企业在结算时,利润经过分配,上述平衡公式又表现为:

$$资产 = 负债 + 所有者权益$$

由于"资产 = 负债 + 所有者权益"这个平衡公式反映了资产的归属关系,同时它又是设置会计账户、复式记账和编制会计报表的基本依据,因此会计上称之为基本会计等式。

3. 经济业务的发生对会计等式各个会计要素的影响

企业在生产经营过程中所发生的经济业务纷繁复杂、多种多样,每一笔经济业务都会对各有关会计要素产生一定影响。在会计要素中,如果一项要素发生增减变动,其他要素也必然会随之发生等额变动,即使在同一要素中,一项具体内容发生增减变动,其他有关的具体内容也会随之发生等额变动。但不管怎样增减变动,都不会破坏基本会计等式中各会计要素的平衡关系,其资产总量总是与负债及所有者权益的总量相等,而会计要素的增减变动也不外乎以下四种类型、九种情况。

(1) 会计要素增减变动的四种类型

1) 资产和负债及所有者权益双方同时等额增加。

2) 资产和负债及所有者权益双方同时等额减少。

3) 资产内部有增有减,增减金额相等。

4) 负债及所有者权益内部有增有减,增减金额相等。以上四种增减变动情况,如图1-14所示。

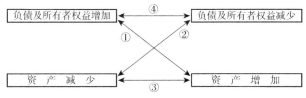

图1-14 会计要素增减变动图

现对上述增减变动的四种类型举例说明如下:

假设华宇建筑公司某一天的资产、负债及所有者权益的简要情况,见表1-2所列。

华宇建筑公司某一天的资产、负债及所有者权益简况　　单位:元　　表1-2

资产	金额	负债及所有者权益	金额
库存现金	1000	短期借款	300000
银行存款	300000	应付票据	40000
应收账款	50000	应付账款	36000
原材料	100000	实收资本	500000
库存商品	175000		
固定资产	250000		
总计	876000	总计	876000

表1-2资产和负债及所有者权益各为876000元，双方金额相等。随着经济业务的发生，会计要素的有关项目会相应发生变化，但无论怎样变化，双方的总额总是相等的。例如：

1）资产和负债及所有者权益双方同时等额增加。

【例1-1】向供货单位购入建筑材料50000元，货款未付。

这笔经济业务使资产方增加原材料50000元，同时使负债及所有者权益方增加应付账款50000元，结果双方总额仍然相等，保持平衡。

2）资产和负债及所有者权益双方同时等额减少。

【例1-2】以银行存款归还短期借款200000元。

这笔经济业务使资产方减少银行存款200000元，同时使负债及所有者权益方减少短期借款200000元，结果双方总额仍然相等，保持平衡。

3）资产方内部有增有减，增减的金额相等。

【例1-3】收到购货单位还来前欠货款20000元，存入银行。

这笔经济业务使资产方减少应收账款20000元，同时使资产方增加银行存款20000元，结果资产方总额不变，双方总额仍然相等，保持平衡。

4）负债及所有者权益方内部有增有减，增减的金额相等。

【例1-4】向甲单位借入短期借款30000元，偿还应付给乙单位的应付票据30000元。

这笔经济业务使负债及所有者权益方内部增加了短期借款30000元，同时减少应付票据30000元，结果负债及所有者权益的总额不变，因而资产和负债及所有者权益双方总额仍然相等，保持平衡。

上述四笔经济业务所引起的资产和负债及所有者权益的变动情况，见表1-3所列。

资产和负债及所有者权益的变动情况　　单位：元　　　　表1-3

资产	期初金额	增减金额	期末金额	负债及所有者权益	期初金额	增减金额	期末金额
库存现金	1000		1000	短期借款	300000	②-200000 ④+30000	130000
银行存款	300000	②-200000 ③+20000	120000	应付票据	40000	④-30000	10000
应收账款	50000	③-20000	30000	应付账款	36000	①+50000	86000
原材料	100000	①+50000	150000	实收资本	500000		500000
库存商品	175000		175000				
固定资产	250000		250000				
总计	876000	-150000	726000	总计	876000	-150000	726000

（2）会计要素增减变动的九种情况

现举例说明如下：

1）用银行存款购入材料：一项资产增加，另一项资产减少。
2）用银行借款归还前欠 A 单位货款：一项负债增加，另一项负债减少。
3）用盈余公积转作资本：一项所有者权益增加，另一项所有者权益减少。
4）向银行借入长期借款，存入银行：一项资产增加，一项负债增加。
5）收到所有者投入固定资产：一项资产增加，一项所有者权益增加。
6）用银行存款支付前欠 B 单位货款：一项资产减少，一项负债减少。
7）经批准，用银行存款归还所有者×××股金：一项资产减少，一项所有者权益减少。
8）将长期借款转为投入资本：一项负债减少，一项所有者权益增加。
9）用盈余公积弥补职工薪酬：一项负债增加，一项所有者权益减少。

归纳见表 1-4 所列。

会计要素变动的九种情况　　表 1-4

会计要素变动情况	变动项目		
	资　产	负　债	所有者权益
1. 一项资产增加，另一项资产减少	原材料（+） 银行存款（-）		
2. 一项负债增加，另一项负债减少		短期借款（+） 应付账款（-）	
3. 一项所有者权益增加，另一项所有者权益减少			实收资本（+） 盈余公积（-）
4. 一项资产增加，一项负债增加	银行存款（+）	长期借款（+）	
5. 一项资产增加，一项所有者权益增加	固定资产（+）		实收资本（+）
6. 一项资产减少，一项负债减少	银行存款（-）	应付账款（-）	
7. 一项资产减少，一项所有者权益减少	银行存款（-）		实收资本（-）
8. 一项负债减少，一项所有者权益增加		长期借款（-）	实收资本（+）
9. 一项负债增加，一项所有者权益减少		应付职工薪酬（+）	盈余公积（-）

想一想

1. 什么是会计？如何理解？
2. 会计的基本职能是什么？
3. 会计假设包括哪些内容？如何理解？
4. 会计核算一般原则的内容有哪些？
5. 会计核算有哪些方法？它们之间的关系如何？
6. 什么是会计要素？它是怎样构成的？
7. 什么是会计等式？

8. 试述会计要素增减变动的四种类型和九种情况。

☆ 单项选择题

1. 会计是以（　　）为主要计量单位，反映和监督一个单位经济活动的一种经济管理工作。
　　A. 重量　　　　B. 长度　　　　C. 容积　　　　D. 货币
2. 会计的基本职能包括（　　）。
　　A. 会计核算和会计监督　　　　B. 会计核算和预测经济前景
　　C. 参与经济决策和会计监督　　D. 会计监督和绩效评价
3. 界定会计确认、计量和报告的空间范围的是（　　）。
　　A. 会计主体　　　　　　　　　B. 会计基本假设
　　C. 持续经营　　　　　　　　　D. 货币计量
4. （　　）为分期结算账目和编制财务会计报告提供了基础。
　　A. 收付实现制　　　　　　　　B. 持续经营
　　C. 会计分期　　　　　　　　　D. 会计计量
5. （　　）是对会计对象进行的基本分类，是会计核算对象的具体化。
　　A. 会计确认　　B. 会计核算　　C. 会计要素　　D. 会计主体
6. （　　）是会计所核算和监督的内容。
　　A. 会计的对象　　B. 会计主体　　C. 经济活动　　D. 法律主体
7. 企业以银行存款偿还债务，表现为（　　）。
　　A. 一项资产减少，一项负债增加
　　B. 一项资产减少，一项负债减少
　　C. 一项负债增加，另一项负债减少
　　D. 一项资产增加，另一项资产减少
8. 企业向银行借款购买机器，表现为（　　）。
　　A. 一项资产增加，一项负债增加
　　B. 一项资产减少，一项负债增加
　　C. 一项资产增加，另一项资产减少
　　D. 一项资产减少，一项负债减少
9. 收入包括主营业务收入和（　　）。
　　A. 营业外收入　　　　　　　　B. 投资收益
　　C. 其他业务收入　　　　　　　D. 补贴收入
10. （　　）是指企业过去的交易或者事项形成的、由企业拥有或者控制的、预期会给企业带来经济利益的资源。
　　A. 负债　　　　B. 资产　　　　C. 收入　　　　D. 所有者权益
11. （　　）是企业资产扣除负债后，由所有者享有的剩余权益。

A. 资产　　　　　B. 负债　　　　C. 所有者权益　D. 利润

☆多项选择题

1. 会计核算职能是指会计以货币为主要计量单位，对特定主体的经济活动进行（　　），为各有关方面提供会计信息的功能。
A. 记账　　　　　B. 算账　　　　C. 预测　　　　　D. 报账

2. 会计监督职能是对特定主体经济活动的（　　）进行审查。
A. 真实性　　　　B. 合法性　　　C. 合理性　　　　D. 可比性

3. 会计基本假设包括（　　）。
A. 会计主体　　　B. 持续经营　　C. 会计分期　　　D. 货币计量

4. 下列叙述中正确的有（　　）。
A. 资产、负债、所有者权益、收入、费用、利润统称为企业的六大会计要素
B. 资产、负债和所有者权益三项会计要素表现资金运动的显著变动状态
C. 收入、费用和利润三项会计要素表现资金运动的显著变动状态
D. 资产、负债和所有者权益三项会计要素反映企业的财务状况

5. 反映企业财务状况的会计要素包括（　　）。
A. 收入　　　　　B. 资产　　　　C. 负债　　　　　D. 所有者权益

6. 反映企业经营成果的会计要素包括（　　）。
A. 费用　　　　　B. 利润　　　　C. 收入　　　　　D. 成本

☆判断题

1. 凡是特定主体能够以货币表现的经济活动，都是会计核算和监督的内容。（　　）

2. 会计主体是对会计核算所处时间、空间环境等所作的合理设定。（　　）

3. 会计主体与法律主体（法人）并非是对等的概念，法人可作为会计主体，但会计主体不一定是法人。（　　）

4. 会计期间分为年度和季度。（　　）

5. 会计对象是对会计要素进行的基本分类。资产、负债、所有者权益、收入、费用、利润统称为企业的六大会计要素。（　　）

6. 资产、负债和所有者权益三项会计要素表现资金运动的相对静止状态，即反映企业的经营成果。（　　）

练一练

1. 目的

熟悉经济业务对会计等式的影响。

2. 资料

（1）3月1日，某建筑企业资产、负债及所有者权益各项目的期初余额，见下表所列。

资产	金额（元）	负债及所有者权益	金额（元）
库存现金	5000	短期借款	100000
银行存款	300000	应付票据	200000
应收账款	100000	应付账款	450000
原材料	135000	实收资本	500000
库存商品	300000	资本公积	150000
固定资产	560000		
总计	1400000	总计	1400000

（2）企业在3月份发生下列经济业务：
1）用银行存款100000元购买一批材料，材料已经验收入库；
2）从银行取得短期借款100000元，转入企业存款户；
3）收回某客户前期所欠款项50000元，已存入银行；
4）收到某投资者投入的新机器一台，价值150000元；
5）用银行存款偿还以前欠某供货单位货款100000元。

3. 要求

根据上述业务，列出经济业务对资产、负债及所有者权益的影响并计算金额。

任务 2

设置会计科目和账户

任务 2.1　如何设置会计科目

◆ **学习目标**
1. 了解会计科目的概念
2. 掌握会计科目的分类

◆ **重点难点**
会计科目的内容与分类

在市场经济中,企业所发生的经济业务是多种多样的。尽管会计要素已经对会计核算进行了基本分类,但单独以这六个要素去记录这些经济业务,是满足不了人们对于会计信息多样化的需要的。因此,在会计核算时,还需要在会计要素的基础上作进一步分类,也就是要设置会计科目和账户。

设置会计科目和账户是进行会计核算工作的前提条件,是整个会计核算系统的基础,是填制凭证、登记账簿的先决条件。

2.1.1　会计科目的概念

会计科目是对会计要素的具体内容作进一步分类的项目名称。每一个项目都规定一个名称,每一个会计科目都明确地反映一定的经济内容。不同的会计科目反映会计事项不同的特点。

例如，企业的厂房、机器设备、运输车辆等劳动资料，由于其实物形态是固定不变的，将在很长时间内为企业所使用，所以将其归为一类，设置"固定资产"科目；企业拥有的专利权、商标权和专有技术等都是不具有实物形态的资产，将其归为一类，设置"无形资产"科目；而企业库存的各种原料、辅助材料、燃料是企业生产的劳动对象，通过生产会改变它们原有的实物形态、性能、用途等，因而将它们归为一类，设置"原材料"科目。

通过设置会计科目，可以更全面、系统、连续地反映和监督各项经济业务的发生情况，以及由此而引起的各项资产、负债、所有者权益及各项损益的增减变动。比如，对于用银行存款20万元购买建筑材料这一项经济业务，如果仅有会计要素而不设置会计科目，就只能记资产增加20万元，资产减少20万元，其资产总额没有发生变化，这种记录并不能满足管理者的需要；而设置了会计科目之后，就可以通过会计科目清晰地将该笔业务记录下来：原材料增加20万元，银行存款减少20万元。

2.1.2 会计科目的分类

1. 会计科目按其所提供信息的详细程度及其统驭关系不同分类

会计科目按其所提供信息的详细程度及其统驭关系不同，分为总分类科目和明细分类科目。

总分类科目是对会计要素具体内容进行总括分类、提供总括信息的会计科目，对明细分类科目具有控制作用。总分类科目，也称总账科目或一级科目，如"应收账款"、"应付账款"和"原材料"等。

明细分类科目是对总分类科目作进一步分类、提供更详细更具体的会计信息的科目，是对总分类会计科目的补充和说明。对于明细科目较多的总账科目，可在总分类科目与明细科目之间设置二级或多级科目。明细分类科目，也称明细科目。如"应收账款"科目按债务人名称或姓名设置明细科目，反映应收账款的具体对象；"应付账款"科目按债权人名称或姓名设置明细科目，反映应付账款的具体对象；"原材料"科目按原料及材料的类别、品种和规格等设置明细科目，反映各种原材料的具体构成内容。

需要指出的是，并非所有的总分类科目都需设置明细分类科目，应该根据单位的实际情况决定是否设置或者如何设置明细分类科目。

2. 会计科目按其所归属的会计要素不同分类

会计科目按其所归属的会计要素不同，分为资产类、负债类、所有者权益类、成本类、损益类五大类。

资产类科目是指用于核算资产增减变化，提供资产类项目会计信息的会计科目。主要有库存现金、银行存款、应收账款、预付账款、固定资产、无形资产等科目。

负债类科目是指用于核算负债增减变化，提供负债类项目会计信息的会计科目。主要有短期借款、应付账款、预收账款、应付职工薪酬、应交税费、长期借款等科目。

所有者权益类科目是指用于核算所有者权益增减变化，提供所有者权益有关项目会计信息的会计科目。主要有实收资本（或股本）、资本公积、盈余公积、本年利润等科目。

成本类科目是指用于核算成本的发生和归集情况，提供成本相关会计信息的会计科目。主要有生产成本、制造费用、劳务成本等科目。

损益类科目是指用于核算收入、费用的发生或归集，提供一定期间损益相关的会计信息的会计科目。主要有主营业务收入、其他业务收入、主营业务成本、其他业务成本、所得税费用、销售费用等科目。

2.1.3 常用会计科目

会计科目必须根据会计准则和国家统一的会计制度的规定设置和使用。企业在不违反会计准则中确认、计量和报告规定的前提下，可以根据本单位的实际情况自行增设、分拆、合并会计科目。企业不存在的交易或者事项，可不设置相关会计科目。根据我国《企业会计准则应用指南》确定的施工企业会计科目，见表2-1所列。

会计科目表　　　　　表2-1

编号	会计科目名称	编号	会计科目名称
	一、资产类	1403	原材料
1001	库存现金	1404	材料成本差异
1002	银行存款	1405	库存商品
1012	其他货币资金	1406	发出商品
1031	存出保证金	1407	商品进销差价
1101	交易性金融资产	1408	委托加工物资
1111	买入返售金融资产	1461	融资租赁资产
1121	应收票据	1471	存货跌价准备
1122	应收账款	1501	持有至到期投资
1123	预付账款	1502	持有至到期投资减值准备
1131	应收股利	1503	可供出售金融资产
1132	应收利息	1511	长期股权投资
1221	其他应收款	1512	长期股权投资减值准备
1231	坏账准备	1521	投资性房地产
1401	材料采购	1531	长期应收款
1402	在途物资	1601	固定资产

续表

编号	会计科目名称	编号	会计科目名称
1602	累计折旧	4001	实收资本
1603	固定资产减值准备	4002	资本公积
1604	在建工程	4101	盈余公积
1605	工程物资	4102	一般风险准备
1606	固定资产清理	4103	本年利润
1701	无形资产	4104	利润分配
1702	累计摊销	4201	库存股
1703	无形资产减值准备		四、成本类
1711	商誉	5001	生产成本
1801	长期待摊费用	5101	制造费用
1811	递延所得税资产	5201	劳务成本
1901	待处理财产损溢	5301	研发支出
	二、负债类	5401	工程施工
2001	短期借款	5402	工程结算
2101	交易性金融负债	5403	机械作业
2111	卖出回购金融资产款		五、损益类
2201	应付票据	6001	主营业务收入
2202	应付账款	6041	租赁收入
2203	预收账款	6051	其他业务收入
2211	应付职工薪酬	6061	汇兑损益
2221	应交税费	6101	公允价值变动损益
2231	应付利息	6111	投资收益
2232	应付股利	6301	营业外收入
2241	其他应付款	6401	主营业务成本
2401	递延收益	6402	其他业务成本
2501	长期借款	6403	营业税金及附加
2502	应付债券	6601	销售费用
2701	长期应付款	6602	管理费用
2702	未确认融资费用	6603	财务费用
2711	专项应付款	6701	资产减值损失
2801	预计负债	6711	营业外支出
2901	递延所得税负债	6801	所得税费用
	三、所有者权益类	6901	以前年度损益调整

任务 2.2 如何设置账户

◆ 学习目标
1. 了解账户的概念和分类
2. 掌握账户的基本结构
◆ 重点难点
账户的基本结构

由于会计科目只是对会计对象具体内容进行分类的项目或名称,不能起到具体记载会计内容的作用,不能反映经济业务发生后所引起的会计要素的增减变动情况及其结果。因此,为了对所发生的经济业务进行全面、连续、系统的反映和监督,提供各种有用的会计信息,还必须根据规定的会计科目在账簿中开设账户。

2.2.1 账户的概念

账户是根据会计科目设置的、具有一定的格式和结构、用于分类反映会计要素增减变化情况及其结果的一种工具。设置账户是会计核算的重要方法之一。

在实务中,账户通常也叫会计科目,但在会计学上,账户和会计科目是两个不同的概念,两者之间既有联系又有区别,如图2-1所示。

会计科目与账户

1. 两者的联系
(1)会计科目与账户都是对会计要素的具体内容进行的科学分类,两者口径一致、性质相同。
(2)会计科目的名称是账户的名称,也是设置账户的依据,没有会计科目,账户便会失去设置依据;账户是会计科目的具体应用,没有账户,就无法发挥会计科目的作用

2. 两者的区别
(1)会计科目是会计账户的名称,账户以会计科目作为户头。
(2)会计科目的核算内容通过账户反映出来,比如,"固定资产"科目的核算内容是企业固定资产的增减变动和结存情况,按照这个会计科目设置"固定资产"账户,就可以将属于其核算内容范畴的经济业务登记在这个账户上。
(3)账户具有一定的格式和结构,而会计科目仅仅是账户的名称,其本身没有任何结构、格式

图 2-1 会计科目与账户之间的联系与区别

2.2.2 账户的结构

为了全面、清晰地反映各项经济业务的内容，账户不仅要有明确的经济内容，还要有特定的结构，以完整、准确地将经济业务记录在账户上。

企业的经济业务尽管错综复杂，但从数量变化来看，不外乎增加和减少两种情况。因此，账户的结构就相应地划分为左右两个基本部分：一部分反映增加，一部分反映减少，增减相抵后的差额称为余额。

此外，为了便于随时考查每项经济业务的内容、记账时间及记账的依据，在账户中除"增加"、"减少"、"余额"三个金额栏目外，还应包括"账户名称"、"日期"、"凭证号数"和"摘要"等辅助栏目。也就是说，账户一般应包括五部分内容，如图2-2所示。

图 2-2 账户的基本内容

至于账户的具体格式，则取决于所采用的记账方法。根据规定，我国在会计核算时应采用借贷记账法，其基本账户结构，见表2-2所列。

账户的基本结构　　　　　　　　　　表 2-2

账户名称（会计科目）

日期	凭证号数	摘要	借方	贷方	借或贷	余额

上述账户的结构，在教学中通常使用的是简化的"T"型账户（或叫做丁字账户）。因为它像大写字母"T"，字母中的竖线将账户分为左右两边，账户名称（会计科目）写在横线上，增加的金额列于一边，减少的金额列于另一边，如图2-3所示。

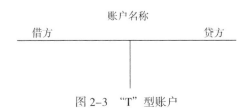

图 2-3 "T"型账户

由于期末余额结转到下期将转化为期初余额,因此账户中通常可以反映四个金额要素,即期初余额、本期增加额、本期减少额和期末余额。期初余额和期末余额是静态指标,它说明会计要素在某一时期增减变化的结果。本期增加额和本期减少额统称为本期发生额,它是一个动态指标,说明会计要素的增减变动情况。上述四项金额之间的关系为:

期末余额 = 期初余额 + 本期增加额 － 本期减少额

1. 什么是会计科目?会计科目可以分为哪几类?
2. 账户的基本内容有哪些?

☆ 单项选择题

1. ( )是指对会计要素的具体内容进行分类核算的项目。
   A. 会计对象　　　B. 经济活动　　　C. 账户　　　D. 会计科目

2. 会计科目按其所提供信息的详细程度及其统驭关系不同,分为总分类科目和( )。
   A. 明细分类科目　B. 三级科目　　　C. 资产类科目　D. 损益类科目

3. ( )是根据会计科目设置的,具有一定格式和结构,用于分类反映会计要素增减变动情况及其结果的载体。
   A. 会计要素　　　B. 会计对象　　　C. 会计科目　　D. 账户

4. 明细分类账户是根据( )设置的、用来对会计要素具体内容进行明细分类核算的账户。
   A. 会计科目　　　　　　　　　B. 总分类科目
   C. 明细分类科目　　　　　　　D. 总分类账户

5. 下列选项中属于资产类科目的是( )。
   A. 应付账款　　　B. 预付账款　　　C. 预收账款　　D. 应付职工薪酬

6. 下列选项中不属于资产类科目的是( )。
   A. 预付账款　　　B. 坏账准备　　　C. 在途物资　　D. 递延收益

7. 与资产类账户记账方向相同的账户是( )。
   A. 收入类账户　　　　　　　　B. 成本类账户
   C. 利润类账户　　　　　　　　D. 权益类账户

☆ 多项选择题

1. 会计科目按其所归属的会计要素不同分类,包括( )。
   A. 资产类科目　　　　　　　　B. 所有者权益类科目
   C. 成本类科目　　　　　　　　D. 总分类科目

2. 下列选项中属于账户基本结构构成内容的有( )。
   A. 账户名称(会计科目)　　　B. 记录经济业务的日期

C. 所依据记账凭证编号　　　　　D. 余额

3. 资产类科目包括（　　）。

A. 库存现金　　　B. 原材料　　　C. 应收账款　　　D. 预付账款

☆ **判断题**

1. 负债类科目主要有短期借款、预付账款、应付职工薪酬、应交税费、长期借款等科目。（　　）

2. 企业不得自行增设、分拆、合并会计科目。（　　）

3. 会计科目与账户都是对会计对象具体内容的科学分类，两者口径一致，性质相同。（　　）

4. 在实际工作中，对会计科目和账户不加严格区分，而是相互通用。（　　）

任务 3

复式记账

任务 3.1 如何运用借贷记账法

◆ 学习目标
1. 理解复式记账原理
2. 掌握借贷记账法的具体运用方法

◆ 重点难点
借贷记账法下的账户结构

企业所发生的各种经济业务，都必须按规定的会计科目设置账户，并采用一定的记账方法在相应的账户中加以记录。设置账户只能解决如何在账户中反映一项经济业务这一问题，至于如何相互联系地记录经济活动的变化及其结果，这就涉及记账方法了。

3.1.1 复式记账原理

所谓记账，就是指在经济业务发生后，将其记录到账户中去。目前，国际会计界比较常见的记账方法有两种，即单式记账法和复式记账法。我国相关会计制度规定，会计核算必须采用复式记账法。

所谓"复式记账"，就是指企业所发生的每一项经济业务，都要以相等的金额,同时在两个或两个以上相互联系的账户中进行登记的一种记账方法。比如,"以银行存款 100000 元购买建筑材料"这项经济业务,根据复式记账方法,应以相等的金额在"银行存款"和"原材料"两个账户上相互联系地进行记录。在记账时,一方面要在银行存款账户上登记减少 100000 元,另一方面还要在原材料账户上登记增加 100000 元。

建立复式记账法的理论基础就是会计等式。按照会计等式,任何一项经济业务都会引起资产与负债和所有者权益之间至少两个项目发生增减变动,而且增减金额相等。因此,对每笔经济业务的发生,都可以以相等的金额在两个或两个以上相关的账户中作等额的双重记录。

复式记账法包括借贷记账法、增减记账法、收付记账法等,我国一律采用借贷记账法。

3.1.2 借贷记账法

借贷记账法是一种以"借"、"贷"为记账符号,以会计等式的平衡关系为基础,以"有借必有贷、借贷必相等"为记账规则的一种记账方法。

1. 记账符号

借贷记账法以"借"和"贷"为记账符号,即用"借"和"贷"作为指明应记入某一账户的某一方向的符号。通常情况下,以账户的左方为"借方",右方为"贷方"。

在账户的借方记录经济业务,可称为"借记某账户";在账户的贷方记录经济业务,则可称为"贷记某账户"。

注意:
这里的"借"和"贷"不能从字面上去理解,它没有我们现实生活中所说的那种"借款"、"贷款"或代表债权债务的意思,它只是一种符号而已,用以标明记账的方向

2. 账户结构

明确账户的结构是记账的前提条件。账户的结构是指在账户中如何记录经济业务,即账户的借方和贷方各登记什么内容、余额的方向及表示的内容。

在借贷记账法下,账户分为借贷两方,其中一方用来登记增加的金额,而另一方用来登记减少的金额。那么,究竟哪一方用来登记增加额,哪一方用来登记减少额呢?这就要看账户反映的经济内容(即账户的性质)了。不同性质的账户,其结构也是不同的。

(1)资产类账户

资产类账户的借方登记增加额,贷方登记减少额;期末(期初)余额在借方,表示期末（期初）资产的实有数。如图 3-1 所示。

资产类账户

借方	贷方
期初余额	
本期增加额	本期减少额
本期发生额	本期发生额
期末余额	

图 3-1　资产类账户结构

资产类账户的期末余额可根据下列公式计算：
期末余额（借方）= 期初余额（借方）+ 借方本期发生额 – 贷方本期发生额

（2）负债及所有者权益类账户

根据会计等式（资产 = 负债 + 所有者权益），负债及所有者权益类账户的结构与资产类账户必定相反：贷方登记增加额，借方登记减少额；期末（期初）余额一般在贷方，表示负债及所有者权益的期末（期初）实有数。如图 3-2 所示。

负债及所有者权益类账户

借方	贷方
	期初余额
本期减少额	本期增加额
本期发生额	本期发生额
	期末余额

图 3-2　负债及所有者权益类账户结构

负债及所用者权益类账户的期末余额可根据下列公式计算：
期末余额（贷方）= 期初余额（贷方）+ 贷方本期发生额 – 借方本期发生额

（3）成本类账户

成本类账户的结构类似于资产类账户，借方登记增加额，贷方登记减少额，通常没有期末余额。如有余额，则表示期末尚未结转的成本，且余额应在借方。如图 3-3 所示。

（4）损益类账户

损益类账户包括收入类账户和费用类账户。由于收入与费用的性质完全不同，因此它们的账户结构也不相同。

成本类账户

借方	贷方
本期增加额	本期减少额
本期发生额	本期发生额
期末余额（通常没有余额）	

图 3-3　成本类账户结构

1）费用类账户

费用类账户的结构与成本类账户基本相同：借方登记增加额，贷方登记减少额。由于费用类账户借方登记的费用支出增加额在期末时一般都要从贷方转出，以便确定一定期间的利润，因此该类账户通常没有期末余额。如图 3-4 所示。

费用类账户

借方	贷方
本期增加额	本期减少额
本期发生额	本期发生额

图 3-4　费用类账户结构

2）收入类账户

收入类账户的结构与所有者权益类账户的结构基本相同：贷方登记收入的增加额，借方登记收入的转出额（减少额）。由于在期末时贷方登记的收入增加额一般要从借方转出，以便确定一定期间的利润，因此该类账户通常没有期末余额。如图 3-5 所示。

收入类账户

借方	贷方
本期减少额	本期增加额
本期发生额	本期发生额

图 3-5　收入类账户结构

为了便于了解掌握借贷记账法下各类账户的基本结构，我们可以将各类账户的结构制作成表 3-1 的形式。

借贷记账法下各类账户的结构　　　　　表 3-1

账户类别	借方	贷方	余额方向
资产类账户	增加	减少	借方
负债及所有者权益类账户	减少	增加	贷方
成本类账户	增加	减少	一般无余额（如有，在借方）
费用类账户	增加	减少	一般无余额
收入类账户	减少	增加	一般无余额

或用"T"型账户，这样可以更为直观地表示借方登记哪类账户的增加或减少额，贷方登记哪类账户的增加或减少额。如图 3-6 所示

账户名称

借方	贷方
资产的增加 负债的减少 所有者权益的减少 收入的减少 成本费用的增加	资产的减少 负债的增加 所有者权益的增加 收入的增加 成本费用的减少

图 3-6　T 型账户

3. 记账规则

对于借贷记账法的记账规则（图 3-7），我们可以形象地概括为一句话："有借必有贷，借贷必相等。"

在前面学习会计等式的时候，我们已经说过，引起会计等式变化的经济业务无非以下四种基本形式：

第一种形式，经济业务的发生，引起资产、负债、所有者权益每个要素内部有增有减，增减金额相等，其总额不变；

第二种形式，经济业务的发生，引起负债与所有者权益之间有增有减，增减

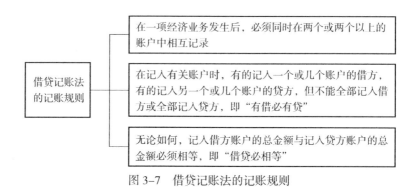

图 3-7　借贷记账法的记账规则

金额相等，其总额不变；

第三种形式，经济业务的发生，引起资产与负债之间同增或同减，金额相等；

第四种形式，经济业务的发生，引起资产与所有者权益之间同增或同减，金额相等。

那么，根据借贷记账法"有借必有贷，借贷必相等"的记账规则，在对企业所发生的经济业务进行记账时，各类账户的记账方向，如表3-2所列。

各类账户的记账方向　　　　　　　　表3-2

经济业务类型		记账方向		
		资产	负债	所有者权益
第一种类型	资产要素内部有增有减	借、贷		
	负债要素内部有增有减		借、贷	
	所有者权益要素内部有增有减			借、贷
第二种类型	负债增加，所有者权益减少		贷	借
	负债减少，所有者权益增加		借	贷
第三种类型	资产增加，负债也增加	借	贷	
	资产减少，负债也减少	贷	借	
第四种类型	资产增加，所有者权益也增加	借		贷
	资产减少，所有者权益也减少	贷		借

以下举例说明借贷记账法记账规则的运用。

【例3-1】华宇建筑公司购入原材料一批，货款30000元，货款暂欠，材料已验收入库。

该项经济业务涉及的"原材料"账户是资产类账户，"应付账款"账户是负债类账户，双方增加的数额应同时分别记入"原材料"账户的借方和"应付账款"账户的贷方，如图3-8所示。

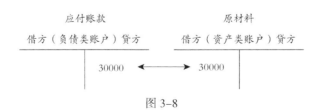

图3-8

【例3-2】华宇建筑公司退回甲投资者投资60000元，以银行存款支付。

该项经济业务涉及的"银行存款"账户是资产类账户，"实收资本"账户是所有者权益类账户,双方减少的数额应同时分别记入"实收资本"账户的借方和"银行存款"账户的贷方,如图3-9所示。

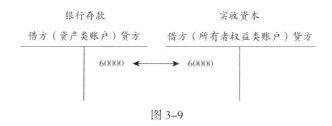

图3-9

【例3-3】华宇建筑公司从银行提取现金5000元。

该项经济业务涉及的"库存现金"账户和"银行存款"账户都是资产类账户,增加的数额应记入"库存现金"账户的借方,减少的数额应记入"银行存款"账户的贷方,如图3-10所示。

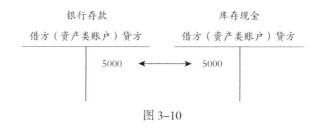

图3-10

【例3-4】华宇建筑公司收到乙投资者投入设备一台,价值20000元。

该项经济业务涉及的"固定资产"账户是资产类账户,"实收资本"账户是所有者权益类账户,双方增加的数额应同时分别记入"固定资产"账户的借方和"实收资本"账户的贷方,如图3-11所示。

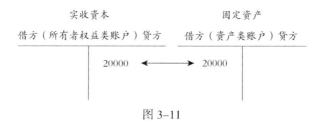

图3-11

【例3-5】华宇建筑公司以银行存款20000元偿还前欠丙单位货款。

该项经济业务涉及的"银行存款"账户是资产类账户,"应付账款"账户是负债类账户,双方减少的数额应同时分别记入"应付账款"账户的借方和"银行存款"账户的贷方,如图3-12所示。

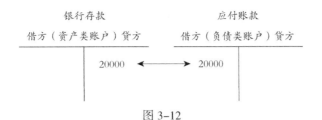

图 3-12

【例 3-6】华宇建筑公司从银行取得短期借款 30000 元直接偿还前欠材料款。

该项经济业务涉及的"短期借款"和"应付账款"账户都是负债类账户,因此,减少的数额应记入"应付账款"账户的借方,增加的数额应记入"短期借款"账户的贷方,如图 3-13 所示。

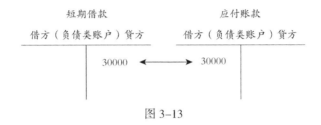

图 3-13

【例 3-7】华宇建筑公司将资本公积 50000 元转增资本金。

该项经济业务涉及的"资本公积"账户和"实收资本"账户都是所有者权益类账户,因此,减少的数额应记入"资本公积"账户的借方,增加的数额应记入"实收资本"账户的贷方,如图 3-14 所示。

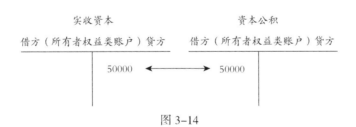

图 3-14

【例 3-8】华宇建筑公司按规定应分配给投资者利润 30000 元,款项尚未支付。

该项经济业务涉及的"应付股利"账户是负债类账户,"利润分配"是所有者权益类账户,因此,减少的数额应记入"利润分配"账户的借方,增加的数额应记入"应付股利"账户的贷方,如图 3-15 所示。

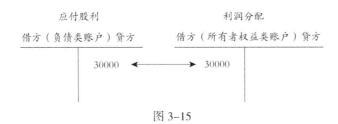

图 3-15

【例3-9】投资者同意华宇建筑公司将应付给投资者的股利20000元转作向公司的投资。

该项经济业务涉及的"实收资本"账户是所有者权益类账户,"应付股利"账户是负债类账户,因此,减少的数额应记入"应付股利"账户的借方,增加的数额应记入"实收资本"账户的贷方,如图3-16所示。

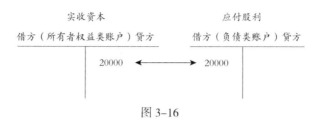

图 3-16

【例3-10】华宇建筑公司购入建筑材料20000元,其中10000元以银行存款支付,其余货款暂欠。

该项经济业务,使原材料增加了20000元。同时,银行存款减少了10000元,应付账款增加了10000元。因此,应记入"原材料"账户的借方,"银行存款"账户的贷方,"应付账款"账户的贷方,如图3-17所示。

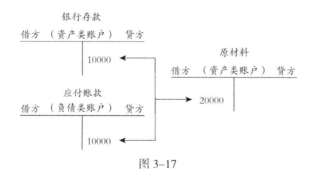

图 3-17

【例3-11】华宇建筑公司以银行存款25000元,归还短期借款20000元,应付账款5000元。

该项经济业务,涉及"短期借款"、"应付账款"两个负债类账户和"银行存款"一个资产类账户。"短期借款"和"应付账款"的减少,应记入各账户的借方;银行存款的减少,应记入"银行存款"账户的贷方,如图3-18所示。

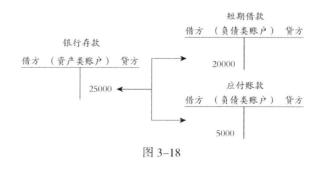

图 3-18

需要强调的是,在借贷记账法下,无论何种类型的经济业务,无论该经济业务是简单还是复杂,都将以相等的金额记入有关账户的借方(无论有几个借方账户),同时记入有关账户的贷方(无论有几个贷方账户),其处理都是"有借必有贷,借贷必相等"。

任务 3.2 如何编制会计分录

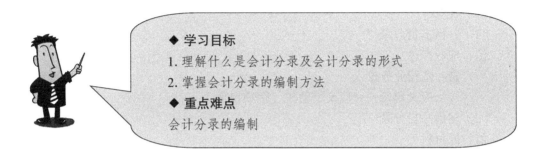
◆ 学习目标
1. 理解什么是会计分录及会计分录的形式
2. 掌握会计分录的编制方法
◆ 重点难点
会计分录的编制

学会了借贷记账法,我们就可以运用它来编制会计分录了。会计分录简称分录,就是对每一项经济业务,按照借贷记账法的要求,分别列示其应借和应贷账户及其金额的一种记录。

3.2.1 会计分录的要素

编制会计分录是会计实际工作中处理经济业务的第一个环节。会计分录是登记账簿的依据,会计分录的正确与否,将直接影响账户记录的正确性以及会计信息的质量。一个完整的会计分录,必须包括记账方向、应借应贷的账户名称、应记金额三个方面的内容,如图 3-19 所示。

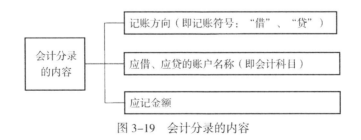

图 3-19 会计分录的内容

3.2.2 会计分录的种类

根据会计分录的简单与复杂程度,会计分录可以分为简单会计分录和复合会计分录两种。

1. 简单会计分录

所谓"简单会计分录",是指只有两个账户的会计分录,即由一个借方账户与一个贷方账户相对应所组成的会计分录。比如：
　　借：库存现金　　　　　　　　　　　　　　　　　　　　　　　　10000
　　　　贷：银行存款　　　　　　　　　　　　　　　　　　　　　　　10000

2. 复合会计分录

所谓"复合会计分录"，是指由一个或几个账户的借方与另一个或几个账户的贷方相对应组成的会计分录，或者说是涉及两个以上账户的会计分录。

复合会计分录又可以分为"一借多贷"分录、"多借一贷"分录以及"多借多贷"分录三种。实际上，每个复合会计分录都是由几个简单会计分录合并而成的。比如：

（1）一借多贷分录
　　借：应收账款　　　　　　　　　　　　　　　　　　　　　　　　351000
　　　　贷：主营业务收入　　　　　　　　　　　　　　　　　　　　300000
　　　　　　应交税费——应交增值税（销项税额）　　　　　　　　　51000

（2）多借一贷分录
　　借：原材料　　　　　　　　　　　　　　　　　　　　　　　　　500000
　　　　应交税费——应交增值税（进项税额）　　　　　　　　　　　85000
　　　　贷：应付账款　　　　　　　　　　　　　　　　　　　　　　585000

（3）多借多贷分录
　　借：原材料　　　　　　　　　　　　　　　　　　　　　　　　　300000
　　　　应交税费——应交增值税（进项税额）　　　　　　　　　　　51000
　　　　贷：预付账款　　　　　　　　　　　　　　　　　　　　　　100000
　　　　　　银行存款　　　　　　　　　　　　　　　　　　　　　　251000

复合会计分录可以全面、集中地反映经济业务的全貌，简化记账手续，提高工作效率。值得注意的是，为了保持账户对应关系清楚，一般不宜把不同的经济业务合并在一起，编制多借多贷的会计分录。会计分录的书写要求，如图3-20所示。

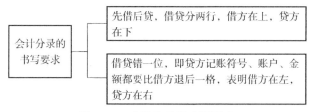

图3-20　会计分录的书写要求

3.2.3　会计分录的编制程序

运用借贷记账法编制会计分录时，可以按图3-21中所示的步骤进行。

例如，对于"从银行提取现金10000元"这项经济业务，在编制会计分录时，其基本程序如下所述。

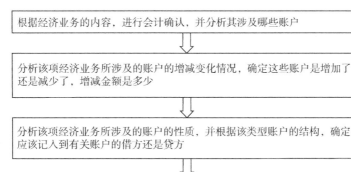

图 3-21 编制会计分录的基本程序

（1）分析所涉及的账户名称：涉及的账户为"库存现金"和"银行存款"账户。

（2）分析所涉及的账户的增减变化情况："库存现金"账户增加 10000 元，"银行存款"账户减少 10000 元。

（3）分析所涉及的账户类型："库存现金"和"银行存款"账户均属于资产类账户，增加的应记借方，减少的应记贷方。

（4）根据分析，编制完整的会计分录。

借：库存现金　　　　　　　　　　　　　　　　10000
　　贷：银行存款　　　　　　　　　　　　　　　　　10000

（5）检查所编制的会计分录。

以前述【例 3-1】~【例 3-11】资料为依据，编制会计分录如下：

【例 3-1】借：原材料　　　　　　　　　　　　　　　30000
　　　　　　贷：应付账款　　　　　　　　　　　　　　30000

【例 3-2】借：实收资本　　　　　　　　　　　　　　60000
　　　　　　贷：银行存款　　　　　　　　　　　　　　60000

【例 3-3】借：库存现金　　　　　　　　　　　　　　5000
　　　　　　贷：银行存款　　　　　　　　　　　　　　5000

【例 3-4】借：固定资产　　　　　　　　　　　　　　20000
　　　　　　贷：实收资本　　　　　　　　　　　　　　20000

【例 3-5】借：应付账款　　　　　　　　　　　　　　20000
　　　　　　贷：银行存款　　　　　　　　　　　　　　20000

【例 3-6】借：应付账款　　　　　　　　　　　　　　30000
　　　　　　贷：短期借款　　　　　　　　　　　　　　30000

【例3-7】借：资本公积　　　　　　　　　　　　　　50000
　　　　　贷：实收资本　　　　　　　　　　　　　　　　50000
【例3-8】借：利润分配　　　　　　　　　　　　　　30000
　　　　　贷：应付股利　　　　　　　　　　　　　　　　30000
【例3-9】借：应付股利　　　　　　　　　　　　　　20000
　　　　　贷：实收资本　　　　　　　　　　　　　　　　20000
【例3-10】借：原材料　　　　　　　　　　　　　　 20000
　　　　　　贷：银行存款　　　　　　　　　　　　　　　10000
　　　　　　　　应付账款　　　　　　　　　　　　　　　10000
【例3-11】借：短期借款　　　　　　　　　　　　　 20000
　　　　　　　　应付账款　　　　　　　　　　　　　　　5000
　　　　　　贷：银行存款　　　　　　　　　　　　　　　25000

上述会计分录中，【例3-1】~【例3-9】为简单会计分录；【例3-10】、【例3-11】为复合会计分录。

任务3.3　如何进行试算平衡

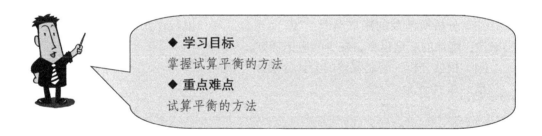

为了保证记账的正确，通常需要定期对账户记录进行试算平衡，即检查和验证账户记录是否正确。

所谓"试算平衡"，是指为了保证会计账务处理的正确性，依据会计等式和借贷记账法的记账原理，通过对本期各账户的全部记录进行汇总和测算，以检查账户记录的正确性和完整性的一种方法。在借贷记账法下，试算平衡检查方法通常分为发生额试算平衡法和余额试算平衡法。

3.3.1　发生额试算平衡

在借贷记账法下，每笔经济业务在记账时都要以相等的金额，按照"借""贷"相反的方向，分别在一个或几个相对应的账户中进行记录。这就使得每一项经济业务所编制的会计分录，即每一笔经济业务反映在账户中的借方发生额与贷方发生额必然相等。

将一定时期反映全部经济业务的所有会计分录记入到有关账户后，所有账户的借方本期发生额合计数与所有账户的贷方本期发生额合计数也必然相等。因此，借贷记账法发生额试算平衡的计算公式如下：

全部账户本期借方发生额合计 = 全部账户本期贷方发生额合计

运用"发生额试算平衡法"，可以检验所有账户在某一期间对各项经济业务的记录是否正确。

对【例 3-1】~【例 3-11】所列的经济业务进行账务处理后，编制发生额试算平衡表，见表 3-3 所列。

本期发生额试算平衡表　　　　　　　　表 3-3

年　　月　　日　　　　　　　　　　单位：元

会计科目	本期发生额	
	借 方	贷 方
库存现金	5000	
银行存款		120000
原材料	50000	
固定资产	20000	
短期借款	20000	30000
应付账款	55000	40000
应付股利	20000	30000
实收资本	60000	90000
资本公积	50000	
利润分配	30000	
合计	310000	310000

3.3.2 余额试算平衡

当一定会计期间全部经济业务的会计分录都记入到有关账户后，所有账户的借方余额合计数必然等于所有账户贷方余额合计数。这是因为，所有账户的借方余额和贷方余额，都是以其本期发生额为基础累计计算的，既然本期发生额相等，那么余额必然也会相等。借贷记账法余额试算平衡的公式如下：

全部账户借方余额合计 = 全部账户贷方余额合计

运用"余额试算平衡法"，可以检验所有账户记录的内容经过一个时期的增减变动之后，在某一时点上（期末）的结果是否正确。

实际工作中，余额试算平衡通过编制试算平衡表方式进行。假定上述有关账户的期初余额，见表 3-4 所列，根据表 3-3 和前述 11 笔经济业务，可编制表 3-5 所列的余额试算平衡表。

有关账户期初余额 表 3-4

年 月 日 单位：元

会计科目	期初余额	
	借方	贷方
库存现金	100000	
银行存款	200000	
原材料	80000	
固定资产	300000	
短期借款		50000
应付账款		30000
应付股利		10000
实收资本		450000
资本公积		60000
利润分配		80000
合计	680000	680000

余额试算平衡表 表 3-5

年 月 日 单位：元

会计科目	期初余额		本期发生额		期末余额	
	借方	贷方	借方	贷方	借方	贷方
库存现金	100000		5000		105000	
银行存款	200000			120000	80000	
原材料	80000		50000		130000	
固定资产	300000		20000		320000	
短期借款		50000	20000	30000		60000
应付账款		30000	55000	40000		15000
应付股利		10000	20000	30000		20000
实收资本		450000	60000	90000		480000
资本公积		60000	50000			10000
利润分配		80000	30000			50000
合计	680000	680000	310000	310000	635000	635000

表 3-5 表明，所有账户借方期初余额合计 680000 元与贷方期初余额合计 680000 元相等，所有账户借方本期发生额合计 310000 元与贷方本期发生额合计 310000 元相等，所有账户借方期末余额合计 635000 元与贷方期末余额合计 635000 元相等。

在编制余额试算平衡表时，应保证所有账户的余额均已过入试算表，缺少任何一个账户的余额，都会造成期初或期末借方余额合计与贷方余额合计不相等。如果试算表发生借贷不相等情况，则账户记录肯定有错误，应认真检查，直到实现试算平衡。

需要注意的是，即使实现了试算平衡关系，也不能说明账户记录全部正确，因为有些记账错误并不会影响借贷双方的平衡关系。例如，某项经济业务记错有关账户，借贷依然保持平衡；漏记某项经济业务，将使本期发生额借贷双方发生等额减少，借贷依然保持平衡；某项经济业务在账户记录中，记账方向颠倒，借贷依然保持平衡；重复记载某项经济业务，将使本期发生额借贷双方发生等额虚增，借贷依然保持平衡；借方或贷方发生额中，偶然发生多记少记并相互抵消，借贷依然保持平衡。因此，在编制试算平衡表之前，应认真检查有关账户记录，以消除上述错误。

1. 什么是复式记账？建立的理论基础是什么？
2. 什么是借贷记账法？它的记账规则是什么？
3. 什么是会计分录？其基本内容有哪些？
4. 什么是试算平衡？

☆ 单项选择题

1. 借贷记账法的理论依据是（　　）。
   A. 借贷平衡　　　　　　　　B. 有借必有贷，借贷必相等
   C. 资产 = 负债 + 所有者权益　　D. 复式记账法
2. 借贷记账法是指以（　　）为记账符号的一种复式记账法。
   A. 收、付　　　B. 增、减　　　C. 借、贷　　　D. 收、减
3. 下列叙述中正确的是（　　）。
   A. 借贷记账法以收、付为记账符号
   B. 借贷记账法下，"借"表示增加还是"贷"表示增加，取决于账户的性质及结构
   C. 负债类账户的借方表示增加
   D. 权益类账户的借方表示增加
4. 下列叙述中不正确的是（　　）。
   A. 资产类账户与权益类账户的结构相反
   B. 资产类账户的借方表示增加、贷方表示减少，期初期末余额均在借方
   C. 权益类账户的贷方表示增加、借方表示减少，期初期末余额均在贷方
   D. 费用（成本）类账户结构与权益类账户相同
5. 借贷记账法的记账规则为（　　）。

A. 有借必有贷，借贷必相等

B. 权责发生制

C. 收付实现制

D. 每一笔经济业务都要在两个以上相互联系的账户中进行登记

6.（　　）是指对某项经济业务事项标明其应借、应贷账户及其金额的记录。

A. 账户　　　　B. 原始凭证　　C. 会计分录　　D. 账簿

7. 下列叙述中不正确的是（　　）。

A. 试算平衡包括发生额试算平衡法和余额试算平衡法

B. 发生额试算平衡法是根据本期所有账户借方发生额合计与贷方发生额合计的恒等关系，检验本期发生额记录是否正确的方法

C. 余额试算平衡法是根据本期所有账户借方余额合计与贷方余额合计的恒等关系，检验本期账户记录是否正确的方法

D. 余额试算平衡根据余额时间不同，分为月末余额平衡与年末余额平衡

8. 按照所涉及（　　）的多少，会计分录分为简单会计分录和复合会计分录。

A. 账户　　B. 记账凭证　　C. 会计凭证　　D. 会计要素

9. 复式记账法，是对每一笔经济业务事项都要在（　　）相互联系的账户中进行登记。

A. 两个　　　　B. 三个　　　　C. 一个　　　　D. 两个或两个以上

☆多项选择题

1. 贷方登记减少额的账户有（　　）。

A. 资产类账户　　　　　　　B. 成本类账户

C. 收入类账户　　　　　　　D. 负债类账户

2. 在借贷记账法下，借方登记的内容包括（　　）。

A. 资产增加　　　　　　　　B. 收入减少

C. 收入增加　　　　　　　　D. 负债增加

3. 下列关于复式记账法说法正确的有（　　）。

A. 复式记账法是以资产与权益平衡关系作为记账基础

B. 对于每一笔经济业务，都要在两个或两个以上相互联系的账户中进行相互联系的登记

C. 复式记账法主要是借贷记账法

D. 对于每一笔经济业务，都要在两个以上相互联系的账户中进行相互联系的登记

4. 下列关于借贷记账法的说法中正确的有（　　）。

A. 借贷记账法以"借"、"贷"为记账符号

B. 借贷记账法是一种单式记账法

C. 借贷记账法下，资产类账户的期初期末余额均在借方

D. 借贷记账法的记账规则为：有借必有贷，借贷必相等

5. 关于借贷记账法下账户结构的说法中正确的有（　　）。

A. 资产类账户的借方表示增加、贷方表示减少，期初期末余额均在借方
B. 权益类账户的贷方表示增加、借方表示减少，期初期末余额均在贷方
C. 资产类账户期末余额 = 期初余额 + 本期借方发生额 – 本期贷方发生额
D. 收入类账户结构与权益类账户相同

6. 关于借贷记账法下试算平衡的说法中正确的有（　　）。
A. 试算平衡的理论根据是资产与权益的恒等关系以及借贷记账法的记账规则
B. 试算平衡包括发生额试算平衡法和余额试算平衡法两种方法
C. 发生额试算平衡法是根据本期所有账户借方发生额合计与贷方发生额合计的恒等关系，检验本期发生额记录是否正确的方法
D. 实际工作中，余额试算平衡通过编制试算平衡表的方式进行

7. 关于会计分录的说法中正确的有（　　）。
A. 按照所涉及账户的多少，会计分录分为简单会计分录和复合会计分录
B. 简单会计分录指只涉及一个账户借方和另一个账户贷方的会计分录，即一借一贷的会计分录
C. 复合会计分录指由两个以上（不含两个）对应账户所组成的会计分录，即一借多贷、一贷多借或多借多贷的会计分录
D. 复合会计分录指由两个以上（含两个）对应账户所组成的会计分录

☆判断题：

1. 复式记账法是以资产与权益平衡关系作为记账基础，系统地反映资金运动变化结果的一种记账方法。（　　）
2. 借贷记账法下，对于每一笔经济业务都要在两个或两个以上相互联系的账户中以借方和贷方相等的金额进行登记。（　　）
3. 资产类账户期末余额 = 期初余额 + 本期贷方发生额 – 本期借方发生额。（　　）
4. 费用（成本）类账户的借方表示增加、贷方表示减少。（　　）
5. 收入类账户结构与权益类账户相同，贷方表示减少、借方表示增加。（　　）
6. 余额平衡是本期所有账户借方余额合计与贷方余额合计相等，这是由"利润 = 收入 – 费用"的恒等关系决定的。（　　）
7. 任何只在借方或贷方登记，而无对应的贷方或借方记录，都是错误的会计记录。（　　）
8. 编制会计分录时，应先标借方、后标贷方，每一个会计科目占一行。（　　）
9. 在借贷记账法下，"借"表示账户中左方金额栏，"贷"表示账户中右方金额栏。（　　）
10. 在借贷记账法下，在账户的借方记录经济业务，称为"借记某账户"；在账户的贷方记录经济业务，称为"贷记某账户"。在一定时期内，在借方登记的发生额称为"借方发生额"；贷方登记的发生额称为"贷方发生额"。借方和贷方的

差额称为"余额";若借方数大于贷方数,称为"借方余额";贷方数大于借方数,称为"贷方余额"。（ ）

11.复合会计分录不可以分解为几个简单分录。（ ）

练一练

1.目的

熟悉借贷记账法的运用,掌握会计分录的编制方法。

2.资料

（1）2009年3月1日,某建筑企业有关总分类账户的期初余额,见下表所列。

账户	期初余额	账户	期初余额
库存现金	1500	应付账款	458000
银行存款	450000	应付票据	200000
应收账款	300000	应交税费	3500
原材料	150000	实收资本	600000
库存商品	500000	资本公积	140000

（2）2009年3月份,该建筑企业发生下列经济业务:

1）2日,开出现金支票从银行提取现金2000元备用;

2）5日,从益浩公司购入A材料一批,收到的增值税发票上注明售价300000元,增值税进项税额51000元,款项已经用银行存款支付;

3）9日,从利华鑫公司购入B材料一批,收到的增值税发票上注明售价200000元,增值税进项税额34000元,款项尚未支付;

4）18日,从银行取得短期借款300000元;

5）25日,用银行存款150000元支付前期所欠广达公司的款项;

6）30日,用银行存款2 300元支付本月水电费。

3.要求

（1）根据上述资料编制会计分录。

（2）进行试算平衡检查,编制"试算平衡表"。

任务 4

学习建筑企业主要经济业务的核算（上）

任务 4.1　认识建筑企业主要经济业务

◆ 学习目标
1. 了解建筑企业会计核算的特点
2. 熟悉建筑企业主要经济业务

◆ 重点难点
建筑企业主要经济业务

建筑企业是从事建筑安装工程施工生产活动的企业，是国民经济中一个重要的物质生产部门。其基本任务是生产（建造）建筑产品，以满足国民经济建设，以及人民生活消费的需要。建筑企业通过开展经营活动来获取利润，创造更多的物质财富。

4.1.1　建筑企业生产经营活动的特点

建筑企业由于其从事行业的特殊性，在建筑产品和施工生产及经营管理上有着不同于其他行业的特点：

（1）建筑产品具有固定性、多样性、单件性、体形庞大和使用寿命长等特点。

（2）建筑企业生产过程具有流动性、长期性、综合协作性、露天施工受气候影响大等特点。

（3）建筑企业生产经营管理具有生产经营业务不稳定、管理环境多变、机构人员变动大等特点。

因此，准确认识和把握好建筑企业生产经营的特点，是做好建筑企业会计工作的基础和关键。

4.1.2 建筑企业会计核算的特点

建筑企业在经营和管理上的特点，直接决定了建筑企业会计具有不同于其他行业会计核算的特点：

1. 分级管理、分级核算

根据施工现场不断变换而且较为分散的特点，施工企业在经营管理上必须重视分级管理和分级核算，使会计核算与施工生产有效地结合起来，直接反映施工生产的经济效益，以避免集中核算造成会计核算与施工生产相脱节的现象。我国一般采取三级核算体制（即公司、工区和施工队）或者两级核算体制（即公司与工区）。

2. 单独计算每项工程成本

对于施工企业而言，由于其产品的多样性和施工生产的单件性，不能根据一定时期内所发生的全部施工生产费用和完成的工程数量计算各项工程的单位成本，而必须按照每项工程分别归集施工生产费用，单独计算每项工程成本。同时，由于施工企业建筑产品的多样性，即不同产品之间差异很大，可比性差，不便对不同建筑产品之间的实际成本进行比较。因此施工企业工程成本的分析、控制和考核不是以产品成本为依据，而是以工程预算成本为依据的，即只能将工程的实际成本与预算成本进行比较。

3. 分阶段进行工程成本核算与工程价款核算

施工企业生产长期性的特点，使得施工企业不能等到工程全部竣工后才办理结算。否则，将给施工企业的资金周转带来严重的困难，而且不利于正确反映各项经济指标。因此，施工企业很有必要把已完成预算定额规定的工程内容作为"已完工程"，以分期计算预算成本和实际成本，并及时与建设单位进行工程价款的中间结算。工程全部竣工后，再进行清算。另外，对于跨年度施工的工程，施工企业一般采用完工百分比法分别计量和确认各年度的工程价款结算收入和工程施工费用，以确定各年度的经营成果。

4.1.3 建筑企业主要经济业务

建筑企业从事施工生产活动，必须拥有一定数量的房屋、设备、施工机械、材料等财产物资，这些再生产过程中的财产物资的货币表现称为资金，它们是企业进行生产经营活动的物质基础。随着建筑企业生产经营活动的进行，资金以货币资金—储备资金—生产资金—成品资金—货币资金的形式不断运动，资金进入企业以后依次经过供应过程、施工生产过程、工程结算（销售）过程三个主要阶段。

供应过程是施工生产的准备阶段。在供应过程中，企业用货币资金购买施工生产所需的各种材料物资，形成必要的物资储备，货币资金转换为储备资金，并支付采购费用，计算材料采购成本，期间还会发生企业与供应单位之间的结算业务。

施工生产过程是指从材料物资投入生产到建筑产品完工的过程，是建筑企业生产经营活动的中心环节。在施工过程中，一方面要发生各项施工生产费用（材料费、人工费等），另一方面要把各项施工生产费用按成本对象进行归集和分配，形成建筑工程成本。在此过程中，储备资金转变为生产资金，随着施工生产过程的进行，未完工程逐步成为已完工程，生产资金转化为成品资金，即可转入工程结算过程，与建设单位结算工程价款。

工程结算（销售）过程是指建筑企业把已完工程或竣工工程"销售"点交给建设单位，并办理工程价款结算，收取工程款的过程。在这一过程中，建筑企业将已完工程或竣工工程交给建设单位，收回工程价款，成品资金转化为货币资金（增值的）。若点交工程后尚未收到款项，则成为结算资金，待收款后转化为货币资金。建筑企业通过建筑产品的"销售"，收取货币资金，不仅补偿了各项成本费用，而且还实现了企业的资金积累，以保证企业再生产活动的顺利进行。建筑企业实现的利润，首先要向国家上交所得税，及时转化为国家的财政收入，税后利润再根据国家规定进行分配：一部分以投资回报的形式分配给投资者，另一部分以内部积累的形式留存企业，形成企业的盈余公积和未分配利润等留存收益。

此外，建筑企业还会发生资金进入企业（如资本金的投入等）与资金调整和退出企业（如归还借款、上交税费等）的经济业务，加上前述三个主要过程构成了整个建筑企业主要经营过程核算的内容。

任务4.2 如何进行资金筹集业务的核算

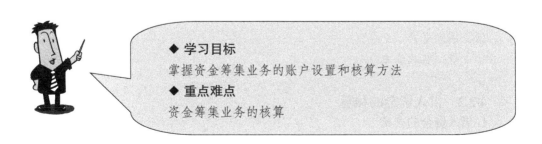

◆ 学习目标
掌握资金筹集业务的账户设置和核算方法
◆ 重点难点
资金筹集业务的核算

资金进入企业是资金运动的起点。资金是企业设立的先决条件，也是企业开展生产经营活动的基础。按企业筹集资金的性质不同，企业从事施工生产活动所需的资金包括权益资金（自有资金）和负债资金（借入资金）两类。

4.2.1 自有资金的核算

1. 自有资金的含义

自有资金是指企业依法筹集的、长期拥有并自主支配的资金。企业自有资金的筹集主要以吸收直接投资、发行股票、留存收益等方式进行。其中主要来源是投资者投入的资金。实收资本是投资者实际投入企业的资本总额,是投资者拥有的根本权益,体现了一种所有权的关系,可以凭借其资金所有权参与企业的收益分配。

2. 账户设置

为了核算和监督自有资金进入企业的情况及运用,应设置以下账户:

(1)"实收资本"账户

用以核算按照企业章程的规定接受投资者投入的资本。实际收到投资者作为资本投入的货币资产、实物资产、无形资产时,记入该账户的贷方;投资者收回资本时记入借方;期末贷方余额表示投资者投入企业的资本总额。

(2)"银行存款"账户

用以核算企业存入银行或其他金融机构的各种存款。借方登记存入的增加数;贷方登记支取的减少数;期末借方余额表示企业存放在银行或其他金融机构的存款总额。

(3)"固定资产"账户

用以核算企业所有固定资产原始价值的增减变动。借方登记增加的固定资产原值;贷方登记减少的固定资产原值;期末借方余额表示现有固定资产的原值。

3. 核算方法

【例4-1】华宇建筑公司收到某投资者投入的资金300000元,存入银行。编制会计分录如下:

借:银行存款   300000
　　贷:实收资本   300000

【例4-2】 某单位投入华宇建筑公司全新运输汽车一辆,经投资方确认价值250000元。编制会计分录如下:

借:固定资产   250000
　　贷:实收资本   250000

4.2.2 借入资金的核算

1. 借入资金的含义

借入资金是指企业依法筹集的、依照合约使用并按期偿还的资金。企业借入资金的筹集方式主要有银行借款、发行债券、融资租赁和商业信用等。其中向银行借款是借入资金的主体。银行借款体现了一种债权债务关系,它是企业的债务。企业在借款期满时要予以归还,并按期支付利息。银行是企业的债权人,无权参与企业的经营管理和收益的分配。

2. 账户设置

为了核算和监督借入资金进入企业的情况，应设置以下账户：

（1）"短期借款"账户

用以核算企业向银行或其他金融机构等借入的期限在一年以下（含一年）的各种借款。借入各种短期借款记入该账户的贷方；归还借款记入该账户的借方；期末贷方余额表示尚未归还的短期借款。

（2）"长期借款"账户

用以核算企业向银行或其他金融机构等借入的期限在一年以上（不含一年）的各种借款。借入各种长期借款记入该账户的贷方；归还借款记入该账户的借方；期末贷方余额表示尚未归还的长期借款。

3. 核算方法

【例 4-3】华宇建筑公司由于季节性储备材料需要，向银行借入为期半年的借款 100000 元，存入银行。编制会计分录如下：

借：银行存款　　　　　　　　　　　　　　　　　　100000
　　贷：短期借款　　　　　　　　　　　　　　　　　　100000

【例 4-4】华宇建筑公司因需购置一台施工机械，向银行借款 400000 元，借款期限两年，款已存入银行。随后转账支付设备款。编制会计分录如下：

（1）借：银行存款　　　　　　　　　　　　　　　　　400000
　　　　贷：长期借款　　　　　　　　　　　　　　　　　400000
（2）借：固定资产　　　　　　　　　　　　　　　　　400000
　　　　贷：银行存款　　　　　　　　　　　　　　　　　400000

任务 4.3　如何进行采购供应业务的核算

◆ 学习目标
1. 了解建筑企业存货的分类
2. 掌握材料购进、领用的核算
3. 熟悉低值易耗品、周转材料的核算特点

◆ 重点难点
材料购进、领用的核算

供应过程是各类建筑材料采购和储备的过程，是建筑企业施工生产的起点。建筑企业在施工生产过程中为施工耗用而储备的各种材料物资称为存货，包括各种库存材料、低值易耗品、周转材料、包装物、在产品、半成品、产成品等，都是施工生产不可缺少的物质资料。

4.3.1 建筑企业存货的分类

(1) 库存材料。库存材料是指施工企业用于建筑安装工程而存放在仓库的各种材料,施工企业的库存材料包括主要材料、结构件、机械配件和其他材料等。

1) 主要材料。主要材料是指用于工程或产品并构成工程或产品实体的各种材料,如黑色金属材料、有色金属材料、木材、硅酸盐材料、小五金材料、电气材料、化工材料等。

2) 结构件。结构件是指经过吊装、拼砌和安装而构成房屋建筑物实体的各种金属的、钢筋混凝土的、混凝土的和木质的结构件等。

3) 机械配件。机械配件是指施工机械、生产设备、运输设备等各种机械设备替换、维修使用的各种零件和配件,以及为机械设备准备的备品、备件。

4) 其他材料。其他材料是指不构成工程或产品实体,但有助于工程或产品形成,或便于施工、生产进行的各种材料,如燃料、油料等。

(2) 周转材料。周转材料是指施工企业在施工生产过程中能多次使用,并可基本保持原来的形态而逐渐转移其价值的材料,如模板、挡板、脚手架及其他周转材料等。

(3) 低值易耗品。低值易耗品是指使用年限较短或价值较低,不作固定资产核算的各种用具物品,如铁镐、铁锹、安全带、办公桌等。

(4) 在建工程。指尚未完成施工过程,正在建造的各种建筑工程。

(5) 在产品。

(6) 半成品或产成品。

4.3.2 材料的购进和领用

企业在收发材料时,必须取得或填制有关存货收发凭证,办理必要的手续。只有审核无误的材料收发凭证,才能作为材料核算的依据。

材料的日常收发核算中,企业一般可以根据实际情况,分别采用按实际成本计价和按计划成本计价两种计价方法。

1. 材料购进和领用按实际成本计价的核算

材料按实际成本计价进行日常收发核算,是指从材料收发凭证的填制到材料总分类账和明细分类账的登记,全部按实际成本计价。其优点是能比较准确地反映各种材料增减变动情况以及建筑工程耗用的各种材料的实际成本;缺点是材料计价工作量较繁重,一般适用于存货品种简单、采购业务不多的企业。

(1) 账户设置

1) "原材料"账户。核算企业库存的各种材料的实际成本。借方登记验收入库材料的实际成本;贷方登记发出材料的实际成本;期末借方余额反映库存材料的实际成本。

2) "在途物资"账户。核算企业已支付货款但尚未运到或尚未验收入库的各种材料的实际成本。

3) "应付账款"账户。核算企业因采购材料、商品和接受劳务等经营活动而应付给供应单位的款项。

（2）核算方法

【例4-5】 华宇建筑公司向某水泥厂购进一批水泥，发票价36900元，材料已验收入库，货款已开出转账支票支付。编制会计分录如下：

借：原材料　　　　　　　　　　　　　　　　　　36900
　　贷：银行存款　　　　　　　　　　　　　　　　　　36900

【例4-6】 华宇建筑公司从外地购入钢材一批，货款200000元，运杂费2500元，材料已验收入库，材料款尚未支付。编制会计分录如下：

借：原材料　　　　　　　　　　　　　　　　　　202500
　　贷：应付账款　　　　　　　　　　　　　　　　　　202500

【例4-7】 甲工程施工领用钢材、水泥一批，实际成本80000元。编制会计分录如下：

借：工程施工——甲工程　　　　　　　　　　　　80000
　　贷：原材料——主要材料　　　　　　　　　　　　80000

2. 材料购进和领用按计划成本计价的核算

按计划成本计价是指每一种材料物资的收入、发出和结存，都按预先确定的计划成本计价，而存货的收发凭证记录的却是材料的实际成本。其优点是：①可以反映各类材料的实际成本与计划成本的差额，可以考核供应部门采购业务的成果；②按计划成本对发出材料计价，可以排除材料单价变动对施工耗费的影响；③克服了按实际成本计价工作量较繁重的缺陷，可以简化和加速材料收发的计价工作。其缺点在于其计价不如按实际成本计价准确。一般适用于经营规模较大、材料实际成本变动较小、材料品种规格较多、收发业务较频繁的企业。

（1）账户设置

1）"原材料"账户。核算企业各种库存材料的计划成本。其借方登记验收入库材料的计划成本；贷方登记发出材料的计划成本；期末借方余额反映库存的各种材料的计划成本。

2）"材料采购"账户。核算购入的各种材料物资的实际成本。其借方登记采购材料的实际成本（包括支付的买价和运杂费）；贷方登记已付款并已验收入库的材料物资的计划成本；其实际成本大于计划成本的差额记入"材料成本差异"账户的借方；其实际成本小于计划成本的差额记入"材料成本差异"账户的贷方；期末借方余额表示企业在途材料的实际成本。

3）"材料成本差异"账户。核算企业采用计划成本进行日常核算的材料的计划成本与实际成本的差额。其借方登记入库材料实际成本大于计划成本的差异；贷方登记入库材料实际成本小于计划成本的差异以及发出材料应负担的成本差异（实际成本大于计划成本的差异用蓝字登记，实际成本小于计划成本的差异用红字登记）；期末借方余额表示库存材料的实际成本大于计划成本的差异（借差或超支差）；若为贷方余额，则表示库存材料的实际成本小于计划成本的差异（贷差或节约差）。

（2）核算方法

【例4-8】华宇建筑公司向某砂厂购入碎石,买价30000元,运杂费2000元,材料款已开出转账支票支付,碎石已验收入库。其计划成本为35000元。编制会计分录如下:

(1)借:材料采购——主要材料　　　　　　　　　　　　32000
　　　贷:银行存款　　　　　　　　　　　　　　　　　　32000
(2)借:原材料——主要材料　　　　　　　　　　　　　　35000
　　　贷:材料采购——主要材料　　　　　　　　　　　　32000
　　　　　材料成本差异　　　　　　　　　　　　　　　　3000

【例4-9】华宇建筑公司向某砖厂购进普通砖,买价24000元,运杂费1500元,货款尚未支付,普通砖已验收入库。其计划成本为25000元。编制会计分录如下:

(1)借:材料采购——主要材料　　　　　　　　　　　　25500
　　　贷:应付账款　　　　　　　　　　　　　　　　　　25500
(2)借:原材料——主要材料　　　　　　　　　　　　　　25000
　　　　材料成本差异　　　　　　　　　　　　　　　　　500
　　　贷:材料采购——主要材料　　　　　　　　　　　　25500

【例4-10】乙工程施工领用钢材一批,计划成本250000元,材料成本差异率1%。编制会计分录如下:

借:工程施工——乙工程　　　　　　　　　　　　　　　252500
　　贷:原材料——主要材料　　　　　　　　　　　　　　250000
　　　　材料成本差异　　　　　　　　　　　　　　　　　2500

4.3.3　低值易耗品

低值易耗品是指单位价值较低,使用年限较短,不能作为固定资产管理的各种用具物品,如生产工具、管理用具、劳保用品等。

1. 低值易耗品的分类

建筑企业的低值易耗品品种、规格繁多,为了便于管理和核算,通常按用途分为以下几类:

(1)生产工具

指在施工过程中使用的各种工具、器具和仪器。如铁锹、小平车、灰桶等。

(2)管理用具

指在管理和服务工作中使用的各种用具和器具。如办公用具、消防器具等。

(3)劳保用品

指在施工过程中用于保护职工安全的各种用品。如工作服、安全帽、手套、安全带等。

(4)其他用具

指不属于上述各类的其他低值易耗品。如医疗器械、炊事用具等。

2. 低值易耗品的核算特点

低值易耗品,按其在生产过程中所起的作用来看属于劳动资料,它可以多次参加周转并不改变其原有的实物形态，在使用过程中需要进行维护、修理，报废时也有一定的残值。但在实际工作中，由于低值易耗品价值较低，且易于损坏，需经常进行更换，其购入和领用业务较频繁，为便于核算和管理，在会计上把它归入存货类，视同存货进行实物管理。而在核算上，由于其本身的特点，决定了低值易耗品的核算既有和材料核算相似之处，又有和固定资产核算相似之处。

3. 低值易耗品的摊销方法

低值易耗品的价值随其实物形态的磨损而逐渐地转移，对于其逐渐转移的价值应采用合理的方法计入各工程成本中。目前，施工企业会计制度规定的低值易耗品摊销的方法有以下几种：

（1）一次摊销法

即在领用时，将其全部价值一次计入成本费用。对于价值较小、使用期限短的低值易耗品，可在领用时一次计入成本费用。如玻璃器皿等易碎物品，不论价值大小，在领用时一次计入成本费用。

（2）五五摊销法

即领用时摊销50%，报废时再摊销其余价值的50%（扣除回收残料的价值）。对于价值较大、使用期限较长的低值易耗品，可以采用五五摊销法。

（3）分期摊销法

即把低值易耗品的价值按预计使用期限分期摊入成本费用。

4. 低值易耗品的核算

为了总括地核算和监督低值易耗品的购入、领用、结存及价值摊销情况，建筑企业应设置"低值易耗品"账户。采用五五摊销法核算的，还需在该账户下设"低值易耗品在库"、"低值易耗品在用"、"低值易耗品摊销"三个明细账户。

购入低值易耗品的核算方法与原材料核算相同。

领用低值易耗品根据其耐用期限和价值的大小采用不同的摊销方法。

【例4-11】华宇建筑公司开出转账支票购入帆布手套和安全帽一批，买价8000元，该批劳保用品已验收入库，计划成本10000元。编制会计分录如下：

（1）借：材料采购——低值易耗品　　　　　　　　　　　8000
　　　贷：银行存款　　　　　　　　　　　　　　　　　　8000
（2）借：低值易耗品——在库低值易耗品　　　　　　　　10000
　　　贷：材料采购——低值易耗品　　　　　　　　　　　8000
　　　　　材料成本差异　　　　　　　　　　　　　　　　2000

【例4-12】华宇建筑公司管理部门领用一次摊销的管理用具一批，计划成本20000元，应负担的成本差异率1.5%。编制会计分录如下：

（1）借：管理费用　　　　　　　　　　　　　　　　　　20000
　　　贷：低值易耗品——在库低值易耗品　　　　　　　　20000
（2）借：管理费用　　　　　　　　　　　　　　　　　　300
　　　贷：材料成本差异——低值易耗品　　　　　　　　　300

4.3.4 周转材料

周转材料是指建筑企业在施工生产过程中多次使用并基本保持原有实物形态或经过整理便可保持或恢复实物形态，而价值逐渐转移的各种材料，如模板、挡板、脚手架、安全网等。

1. 周转材料的分类

周转材料按其在施工生产过程中的用途可以分为以下几类：

（1）模板

指浇筑混凝土使用的木模、组合钢模以及配合模板使用的支撑材料、滑模材料、构件等。按固定资产管理的固定的钢模和现场固定大型钢模板不包括在内。

（2）挡板

指土方工程使用的挡土板等，包括支撑材料在内。

（3）架料

指搭脚手架用的竹杆、木杆、竹木跳板、钢管脚手架及其附件等。

（4）其他

指除以上各类外，作为流动资产管理的其他周转材料，如塔吊使用的轻轨、枕木等（不包括属于塔吊的钢轨）。

2. 周转材料的核算特点

由于周转材料能在施工过程中反复使用，并保持原有的实物形态，其价值随着使用逐渐损耗，因此在核算上既要反映其原值，又要反映其损耗价值。为适应这一核算要求，需要采用一定的摊销方法，对周转材料的价值按期计算摊销额，计入工程成本。

3. 周转材料的摊销方法

周转材料的摊销方法一般有以下几种，企业可根据使用周转材料的情况，选择使用。

（1）一次摊销法

指在领用周转材料时，将其全部价值一次计入工程成本或有关费用。这种方法一般适用于易腐、易潮、易损坏或价值较低、使用期限较短的周转材料，如安全网等。

（2）分期摊销法

指根据周转材料的预计使用期限、原值、预计残值确定每期摊销额，将其价值分期计入工程成本或有关费用。

（3）分次摊销法

指根据周转材料的预计使用次数、原值、预计残值确定每次摊销额，将其价值分次计入工程成本或有关费用。

（4）定额摊销法

指根据实际完成的实物工作量和预算定额规定的周转材料消耗定额确定本期周转材料摊销额，计入本期工程成本或有关费用。

4. 周转材料核算

为了总括地核算和监督周转材料的购入、领用、结存及价值摊销情况，建筑企业应设置"周转材料"账户，用以核算库存和在用的各种周转材料的计划成本，在该账户下设"在库周转材料"、"在用周转材料"、"周转材料摊销"三个明细账户。

购入周转材料的核算方法与原材料核算相同。

领用周转材料的核算根据不同的摊销方法分别核算。

【例4-13】华宇建筑公司外购模板一批，实际成本105000元，计划成本100000元，货款已支付，模板验收入库。编制会计分录如下：

（1）借：材料采购——周转材料　　　　　　　　　　105000
　　　　贷：银行存款　　　　　　　　　　　　　　　　　105000
（2）借：周转材料——在库周转材料　　　　　　　　100000
　　　　材料成本差异　　　　　　　　　　　　　　5000
　　　　贷：材料采购——周转材料　　　　　　　　　　105000

【例4-14】甲工程施工领用一次摊销的安全网一批，计划成本15000元，材料成本差异率—2%。编制会计分录如下：

借：工程施工——甲工程　　　　　　　　　　　　　14 700
　　贷：周转材料——在库周转材料　　　　　　　　　　15000
　　　　材料成本差异　　　　　　　　　　　　　　　　300

注：方框内数字为红字。

任务4.4　如何进行工程成本和期间费用的核算

◆ 学习目标
1. 熟悉工程成本、期间费用的概念、设置的主要账户
2. 掌握工程成本和期间费用的核算

◆ 重点难点
工程成本和期间费用的核算

费用是指建筑企业在日常活动中发生的、会导致所有者权益减少的、与向所有者分配利润无关的经济利益的总流出。

建筑企业在施工过程中，一方面生产出建筑产品，另一方面消耗一定的人力、物力和财力，这些消耗的货币表现即为施工费用。也就是说，施工费用是指施工企业在生产经营过程中发生的各种耗费，按是否计入成本，费用包括工程成本和期间费用。

一般而言，工程成本是依据配比原则，可以和某一项工程的施工收入相联系配比的，而期间费用很难与某一项工程的施工收入相联系配比，它作为建筑企业整体的支出，直接计入当期损益，从当期总收入中扣除。

4.4.1 工程成本核算

建筑安装工程成本是指施工企业在生产经营过程中，为完成一定数量的建筑工程和安装工程所发生的施工生产费用的总和。它是全面反映企业经营管理工作质量的一个综合指标。

1. 工程成本的构成

施工企业工程成本包括与工程有关的直接费用和间接费用。

（1）直接费用

直接费用是指为完成工程所发生的、可以直接计入工程成本核算对象的各项费用支出。主要是施工过程中耗费的构成工程实体或有助于工程实体形成的各项支出，包括人工费、材料费、机械使用费和其他直接费。

人工费包括企业从事建筑安装工程施工人员的工资、奖金、职工福利费、工资性质的津贴、劳动保护费等。

材料费包括施工过程中耗用的构成工程实体的原材料、辅助材料、构配件、零件、半成品的费用和周转材料的摊销及租赁费用。

机械使用费包括施工过程中使用自有施工机械所发生的机械使用费和租用外单位施工机械的租赁费，以及施工机械安装、拆卸和进出场费。

其他直接费包括施工过程中发生的材料二次搬运费、临时设施摊销费、生产工具用具使用费、检验试验费、工程定位复测费、工程点交费、场地清理费等。

（2）间接费用

间接费用是指为完成工程所发生的、不易直接归属于工程成本核算对象而应分配计入有关工程成本核算对象的各项费用支出。主要是企业各施工单位为组织和管理工程施工所发生的全部支出，包括临时设施摊销费用和施工单位管理人员工资、奖金、职工福利费、固定资产折旧费及修理费、物料消耗、低值易耗品摊销、取暖费、水电费、办公费、差旅费、财产保险费、检验试验费、工程保修费、劳动保护费、排污费及其他费用。这里所说的"施工单位"是指建筑安装企业的工区、施工队、项目经理部等。

2. 工程成本的分类

根据建筑安装工程的特点和工程成本管理的要求，施工企业的工程成本一般可分为工程预算成本、工程计划成本和工程实际成本。

（1）工程预算成本是指施工企业根据施工图纸设计确定的建筑安装工程实物量和国家或地区制定的预算定额、预算单价以及有关收费标准计算确定的工程成本。

（2）工程计划成本是指施工企业以工程预算为基础，根据确定的一定时期降低成本的目标，结合工程实际情况，在充分考虑可以达到的实际能力前提下，计算得出的工程成本。

（3）工程实际成本是指施工企业为了完成特定的建筑安装工程任务，按照确定的工程成本核算对象和成本项目归集的实际成本。

3. 工程成本核算的重要作用

工程成本按其经济实质来说，是工程价值的重要组成部分。工程成本的高低，直接体现着企业工程价款中用于生产耗费补偿数额的大小。在完成的施工工程量不变的情况下，工程成本越低，用于生产耗费补偿的数额就越小，企业的盈利也就越多；反之，企业的盈利就越少，甚至连简单再生产也难以维持。因此，节约耗费，降低工程成本，是增加企业利润，提高经济效益，实现企业扩大再生产的重要途径，也是在工程项目实现招标承包制下，增加企业竞争力的关键。

工程成本核算是建筑工程成本管理的基础，是进行成本预测、成本决策、成本计划、成本分析、成本考核各项工作主要的信息源，同时也是企业进行成本控制的重要实施手段。

工程成本核算的意义体现在：

（1）通过工程成本核算，将各项生产费用按照它的用途和一定程序，直接计入或分配计入各项工程的实际成本，将它与预算成本进行比较，可以检查预算成本的执行情况，为企业制定经营战略提供依据。

（2）通过工程成本核算，可以及时了解施工过程中人力、物力、财力的耗费，检查各项费用的耗费情况和间接费用定额的执行情况，分析成本升降的原因，挖掘降低工程成本的潜力，发挥竞争优势，增强企业核心竞争力。

（3）通过工程成本核算，可以计算施工企业各个施工单位的经济效益和各项承包工程合同的盈亏，分清各个单位的成本责任，在企业内部实行经济责任制，以便于资源的优化配置。

（4）通过工程成本核算，可以为各种不同类型的工程积累经济技术资料，为修订预算定额、施工定额提供依据，使企业成本的定量化管理有了科学的依据。

由此可见，工程成本既是一个价值范畴，又是一个反映企业经济效益的综合性指标，正确地组织工程成本核算，科学地计算和确定工程成本，对于促进企业加强经济核算，改善经济管理，进行经济预测和参与经济决策等都有着十分重要的作用。

4. 工程成本对象的确定

工程成本的核算对象，就是在工程成本的计算过程中，为归集和分配费用而确定的费用承担者。成本核算对象一般应根据工程承包合同内容以及施工生产的特点、生产费用发生的情况和管理上的要求来确定。合理确定成本核算对象，是正确组织工程成本核算的重要条件之一。工程成本核算对象如果划分过粗，把相互之间没有联系或联系不大的单项工程和单位工程合并起来，作为一个成本核算对象，就不能反映独立施工的工程实际成本水平，不利于考核和分析工程成本的升降情况；反之，如果工程成本核算对象划分过细，就会出现许多间接费用需要分摊，结果既增加了核算工作量，又难以做到成本准确。

一般来说，施工企业应该以每一个单位工程作为成本核算对象。这是因为，施工预算是按单位工程编制的，所以按单位工程来确定其实际成本，便于与预算成本相比较，以检查工程预算的执行情况。但是，一个施工企业要承包多个建设项目，每个建设项目的具体情况往往很不相同，有的工程规模很大，工期很长；有的是一些规模较小，工期较短的零星改、扩建工程；还有的建设项目，在一个工地上有若干个结构类型相同的单位工程同时施工，交叉作业，共同耗用现场堆放的大堆材料。因此，工程成本核算对象的确定，一般要根据与施工图预算相适应的原则，以每一独立编制施工图预算的单位工程为依据，根据承包工程的规模大小、结构类型、工期长短以及施工现场条件等具体情况，结合本企业施工组织的特点和加强成本管理的要求，确定建筑安装工程成本核算对象。

5. 工程成本的核算方法

工程施工是施工企业的主要生产任务。工程成本核算就是将工程施工过程中发生的各项生产费用按一定的成本核算对象进行归集和分配，从而计算出各工程的实际成本。

（1）账户设置

建筑企业为总括地核算和监督施工过程中各项施工费用的发生、归集和分配情况，正确计算工程成本，应设置下列账户：

1）"工程施工"账户

核算企业进行工程施工发生的各项施工生产费用，并确定各个成本核算对象的实际成本。本账户还应按成本核算对象设置明细账，并按规定的成本项目分设专栏，进行明细核算。

2）"机械作业"账户

核算企业及其内部独立核算的施工单位、机械站和运输队使用自有施工机械和运输设备进行机械作业所发生的各项费用。从外单位租入的施工机械的机械租赁费，直接计入"工程施工——机械使用费"核算。

3）"待摊费用"账户

核算企业已经支付或发生，应由本期和以后各期共同负担的分摊期限在一年以内的费用。如一次发生数额较大的施工机械进出场费，安装、拆卸费，低值易耗品摊销等。

4）"预提费用"账户

核算企业预先提取但尚未支付的各项施工费用。如预提收尾工程费、预提短期借款利息等。

（2）核算方法

工程成本包括五个成本项目，即人工费、材料费、机械使用费、其他直接费和间接费用。建筑企业在工程施工中发生上述各项费用，首先应按确定的工程成本核算对象和规定的成本项目进行归集，其中能够分清受益对象的费用，如生产工人工资及福利费、材料费、机械使用费等，应直接计入受益的工程成本核算对象；不能分清受益对象的费用，如间接费用，则应采用一定的方法分配计入各成本核算对象。

1）人工费的归集和分配

工程成本中的人工费是指在施工生产过程中直接从事工程施工的建筑安装工人以及在施工现场配料、运料工人的工资、工资性质的津贴、职工福利费和劳动保护费等。

人工费的核算一般应根据企业实行的具体工资制度而定。

【例4-15】 华宇建筑公司本年度同时承建甲、乙两个单位工程，应付甲工程生产工人工资150000元，乙工程生产工人工资120000元，甲工程领用工作服100套，价值9000元，乙工程领用工作服80套，价值7 200元，甲、乙两工程分别按工资总额的14%计提职工福利费。

编制人工费分配表，见表4-1所列。

人工费分配表　　　　　　　　　　　　　　　　表4-1

项目	甲工程	乙工程	合计
1. 工资	150000	120000	270000
2. 职工福利费	21000	16800	37800
3. 劳动保护费	9000	7200	16200
合计	180000	144000	324000

编制会计分录如下：

借：工程施工——甲工程——人工费　　　　180000
　　　　　　——乙工程——人工费　　　　144000
　　贷：应付职工薪酬——工资　　　　　　270000
　　　　　　　　　　——职工福利费　　　37800
　　　　低值易耗品——在库低值易耗品　　16200

2）材料费的归集和分配

工程成本中的材料费是指施工过程中耗用的、构成工程实体或有助于工程实体形成的各种原材料、结构件等的实际成本及周转材料摊销及租赁费用。建筑企业施工过程中需要消耗大量的材料，材料品种繁多，大堆材料（砂、石等）比重大，因此，材料费的分配应按照材料费领用的不同情况进行归集分配，并建立健全材料物资的管理制度。发生的材料费，应根据领料单等有关凭证，按各个成本核算对象汇总编制"耗用材料汇总分配表"，计算确定各受益成本核算对象应分摊的材料费成本及材料成本差异。

【例4-16】 华宇建筑公司承建的甲工程和乙工程本月耗用材料情况，见表4-2所列。

材料费用分配表　　　　　　　　　　　表4-2

材料类别	成本差异率	甲工程 计划成本	甲工程 成本差异	乙工程 计划成本	乙工程 成本差异	合计 计划成本	合计 成本差异
主要材料	-1%	300000	-3000	280000	-2800	580000	-5800
结构件	2%	180000	3600	150000	3000	330000	6600
合计		480000	600	430000	200	910000	800

根据材料费用分配表，编制会计分录如下：

（1）借：工程施工——甲工程——材料费　　　　　　　　　480000
　　　　　　　　　　——乙工程——材料费　　　　　　　　　430000
　　　贷：原材料——主要材料　　　　　　　　　　　　　　580000
　　　　　　　——结构件　　　　　　　　　　　　　　　330000

（2）借：工程施工——甲工程——材料费　　　　　　　　　600
　　　　　　　　　　——乙工程——材料费　　　　　　　　　200
　　　贷：材料成本差异——主要材料　　　　　　　　　　　5800
　　　　　　　　　——结构件　　　　　　　　　　　　　6600

注：方框内数字为红字。

3）机械使用费的归集和分配

工程成本中的机械使用费是指在施工过程中使用自有施工机械发生的费用和使用从外单位租入施工机械的租赁费，以及支付的施工机械进出场费。

①租入机械使用费的核算。从外单位租入的施工机械支付的租赁费应根据"机械租赁费结算单"所列金额，直接计入有关成本核算对象。

【例4-17】华宇建筑公司开出转账支票支付甲工程租用某工程公司推土机和挖掘机的租赁费12000元。编制会计分录如下：

　　借：工程施工——甲工程——机械使用费　　　　　　　　12000
　　　贷：银行存款　　　　　　　　　　　　　　　　　　　12000

②自有机械使用费的核算。企业使用自有施工机械或运输设备进行机械作业所发生的各项费用，先通过"机械作业"账户归集，月末再按一定的方法分配计入各受益对象的成本中去。

【例4-18】华宇建筑公司自有的混凝土搅拌机领用燃油料2000元，分配机械操作人员工资6000元。编制会计分录如下：

　　借：机械作业——混凝土搅拌机　　　　　　　　　　　　8000
　　　贷：原材料——其他材料　　　　　　　　　　　　　　2000
　　　　　应付职工薪酬——工资　　　　　　　　　　　　　6000

【例4-19】本月塔吊应计提折旧费3000元。编制会计分录如下：

　　借：机械作业——塔吊　　　　　　　　　　　　　　　　3000

　　　　贷：累计折旧　　　　　　　　　　　　　　　　　　　　　　　3000

【例4-20】华宇建筑公司本月承建的甲工程应分配使用自有起重机发生的机械作业费用15000元，混凝土搅拌机作业费用30000元。编制会计分录如下：
　　　　借：工程施工——甲工程——机械使用费　　　　　　　　　　45000
　　　　　　贷：机械作业——起重机　　　　　　　　　　　　　　　15000
　　　　　　　　　　　　——混凝土搅拌机　　　　　　　　　　　　30000

【例4-21】华宇建筑公司开出转账支票，支付挖掘机进出场费18000元。编制会计分录如下：
　　　　借：待摊费用　　　　　　　　　　　　　　　　　　　　　　18000
　　　　　　贷：银行存款　　　　　　　　　　　　　　　　　　　　18000

【例4-22】企业按照规定预提办公楼工程的收尾工程费用60000元，其中：人工费8000元，材料费42000元，间接费用10000元。编制会计分录如下：
　　　　借：工程施工——办公楼工程——材料费　　　　　　　　　　42000
　　　　　　　　　　　　　　　　　——人工费　　　　　　　　　　 8000
　　　　　　　　　　　　　　　　　——间接费用　　　　　　　　　10000
　　　　　　贷：预提费用　　　　　　　　　　　　　　　　　　　　60000

【例4-23】华宇建筑公司本月摊销挖掘机进出场费18000元。其中甲工程负担12000元，乙工程负担6000元。编制会计分录如下：
　　　　借：工程施工——甲工程——机械使用费　　　　　　　　　　12000
　　　　　　　　　　——乙工程——机械使用费　　　　　　　　　　 6000
　　　　　　贷：待摊费用——机械进出场费　　　　　　　　　　　　18000

4）其他直接费的归集和分配

其他直接费是指在施工过程中发生的除了人工费、材料费、机械使用费以外的直接与工程施工有关的各种费用，如材料的二次搬运费、临时设施摊销、生产工具用具使用费、检验试验费、工程点交费、场地清理费以及冬雨季施工增加费、夜间施工增加费等。

其他直接费一般都能分清受益对象，发生时可以直接计入受益成本核算对象的成本。

【例4-24】企业开出转账支票支付甲工程材料二次搬运费及场地清理费7000元。编制会计分录如下：
　　　　借：工程施工——甲工程——其他直接费　　　　　　　　　　 7000
　　　　　　贷：银行存款　　　　　　　　　　　　　　　　　　　　 7000

5）间接费用的归集和分配

间接费用是指企业各施工单位为组织和管理工程施工所发生的各项共同性费用，包括施工单位管理人员工资、奖金、职工福利费、施工管理部门使用的固定资产折旧及修理费、管理人员的差旅费等。

间接费用虽然也构成了工程成本的组成内容，但一般难以分清受益对象。发生的间接费用先计入"工程施工——间接费用"账户归集，期末再按一定的方法分配计入有关工程成本核算对象。

间接费用的分配方法主要有人工费比例法（安装、装饰工程采用）和直接费比例法（土建工程采用）等。

【例4-25】 企业用现金支付施工管理部门办公用品购置费500元。编制会计分录如下：

借：工程施工——间接费用　　　　　　　　　　　　　　　500
　　贷：库存现金　　　　　　　　　　　　　　　　　　　　　　500

【例4-26】 华宇建筑公司承建的甲、乙两项工程本月共发生间接费用48000元，采用直接费比例法进行分配，编制"间接费用分配表"，见表4-3所列。

间接费用分配表　　　　　　　　　　　　　　　　　表4-3

工程成本核算对象	直接费	分配率（%）	间接费用
甲工程	128000	20	25600
乙工程	112000	20	22400
合计	240000		48000

编制会计分录如下：

借：工程施工——甲工程——间接费用　　　　　　　　　25600
　　　　　　——乙工程——间接费用　　　　　　　　　22400
　　贷：工程施工——间接费用　　　　　　　　　　　　　48000

6. 工程实际成本的计算与结转

正确地计算工程成本，是工程成本核算的重要内容。计算工程实际成本的目的，就是要正确地反映施工企业在工程施工过程中的实际耗费，从而为工程成本分析和考核提供真实可靠的资料。

工程实际成本的计算方法，一般应根据工程价款的结算方式来确定。

（1）实行竣工后一次结算工程价款办法的工程实际成本的计算

竣工后一次结算工程价款的工程，应于竣工后计算成本。竣工单位工程的实际成本就是单位工程从开工到竣工的整个施工期间实际发生的生产费用总额。

【例4-27】 华宇建筑公司承建的办公楼工程实行竣工后一次结算工程价款，该工程当月已竣工，根据"工程成本卡"记录的各成本项目内容：人工费455960元、材料费2340000元、机械使用费181000元、其他直接费123300元、间接费用165600元。计算该工程实际成本如下。

已竣工办公楼工程实际成本 = 455960+2340000+181000+123300+165600
　　　　　　　　　　　　= 3265860元

结转竣工工程成本。

借：主营业务成本　　　　　　　　　　　　　　　　　3265860
　　贷：工程施工——办公楼工程　　　　　　　　　　　3265860

（2）按月结算工程价款办法的工程实际成本的计算

按月结算工程价款的工程，其工程成本也应当按月计算。计算时，必须将已归集的施工生产费用在已完工程和未完工程之间进行分配，计算已完工程的实际成本。计算公式为：

本月（期）已完工程实际成本＝月（期）初未完工程成本＋本月（期）生产费用
－月（期）末未完工程成本

【例4-28】华宇建筑公司承建甲工程，本月发生施工生产费用328000元，月初未完工程成本86000元，月末未完工程成本102000元，甲工程按月结算，计算甲工程本月已完工程实际成本并结转。

甲工程本月已完工程实际成本＝86000+328000-102000＝312000元

结转本月已完工程实际成本。

借：主营业务成本　　　　　　　　　　　　　　　　　312000
　　贷：工程施工——甲工程　　　　　　　　　　　　　　312000

（3）实行分段结算工程价款办法的工程实际成本的计算

实行按工程形象进度分段结算工程价款的工程，其已完工程实际成本的计算方法与实行按月结算工程价款办法的工程实际成本的计算方法基本相同。

4.4.2　期间费用核算

期间费用是企业当期发生的费用的重要组成部分，是指本期发生的、不能直接或间接计入工程成本，而应于发生时直接计入当期损益的各项费用。包括管理费用、财务费用和销售费用。建筑企业的期间费用主要是管理费用和财务费用。

1. 管理费用的核算

管理费用是指企业行政管理部门为组织和管理施工生产经营活动而发生的各项费用，包括公司经费（行政管理部门职工薪酬、物料消耗、低值易耗品摊销、办公费和差旅费等），工会经费，董事会费（包括董事会成员津贴、会议费和差旅费等），聘请中介机构费，咨询费（含顾问费），诉讼费，业务招待费，房产税，车船使用税，土地使用税，印花税，技术转让费，矿产资源补偿费，研究费用，排污费用以及企业生产车间（部门）和行政管理部门发生的固定资产修理费等。

建筑企业发生的管理费用，在"管理费用"账户核算，并按项目设置明细账，进行明细核算，期末将"管理费用"账户的余额结转到"本年利润"账户，结转后无余额。

【例4-29】华宇建筑公司行政管理部门本月共发生管理费用224000元，其中：行政管理人员薪酬150000元，行政办公设备折旧费45000元，支付业务招待费21000元，支付其他办公费、水电费8000元。编制会计分录如下：

借：管理费用　　　　　　　　　　　　　　　　　　　224000
　　贷：应付职工薪酬　　　　　　　　　　　　　　　　　150000
　　　　累计折旧　　　　　　　　　　　　　　　　　　　 45000
　　　　银行存款　　　　　　　　　　　　　　　　　　　 29000

2. 财务费用的核算

财务费用是指企业为筹集生产经营所需资金而发生的筹资费用，包括利息支出（减利息收入）、汇兑损益以及相关金融机构手续费、企业发生的现金折扣或收到的现金折扣。

建筑企业发生的财务费用，通过"财务费用"账户核算，并按费用项目设置明细账，进行明细核算。期末将"财务费用"账户的余额结转到"本年利润"账户，结转后无余额。

【例4-30】计提本月应负担的短期借款利息5000元。编制会计分录如下：

借：财务费用——利息支出　　　　　　　　　　　　　　5000
　　贷：预提费用　　　　　　　　　　　　　　　　　　　5000

【例4-31】接银行通知当月发生银行存款利息收入2000元。编制会计分录如下：

借：银行存款　　　　　　　　　　　　　　　　　　　　2000
　　贷：财务费用——利息收入　　　　　　　　　　　　　2000

想一想

1. 建筑企业生产经营活动的特点有哪些？
2. 建筑企业会计核算的特点是什么？
3. 材料成本差异在材料收入和发出时，应分别进行怎样的会计处理？
4. 低值易耗品的核算特点是什么？
5. 低值易耗品的摊销方法有哪些？
6. 周转材料的核算特点是什么？
7. 什么是工程成本？可以分为哪几种？
8. 工程成本核算对象如何确定？
9. 工程成本核算有什么重要作用？
10. 计算工程实际成本的目的是什么？
11. 某工程采用按月结算工程价款办法，其工程实际成本的计算公式是什么？

做一做

1. 建筑企业的生产经营过程主要包括＿＿＿＿、＿＿＿＿、＿＿＿＿三个阶段。
2. ＿＿＿＿过程是施工生产活动的准备阶段，＿＿＿＿过程是建筑企业生产经营活动的中心环节，＿＿＿＿过程办理工程价款结算，收取工程款。
3. 建筑企业生产经营所需资金包括＿＿＿＿和＿＿＿＿两个方面。
4. 企业自有资金的筹集方式有＿＿＿＿、＿＿＿＿和＿＿＿＿等几种，其中主要来源是＿＿＿＿。
5. 企业借入资金的筹资方式主要有＿＿＿＿、＿＿＿＿、＿＿＿＿和

_____等。其中_____是借入资金的主体。

6. 存货是指_____，包括_____、_____、_____等。

7. 库存材料包括_____、_____、_____和_____。

8. 材料可以按_____和_____两种计价方法进行计价。

9. 实际成本计价时，"原材料"账户核算的是材料的_____成本。

10. 计划成本计价时，"原材料"账户核算的是材料的_____成本。"材料采购"账户核算的是外购材料的_____成本。

11. 当材料的实际成本_____计划成本时，材料成本差异为借差；当材料的实际成本小于计划成本时，材料成本差异为_____差。

12. 低值易耗品是指_____较低，_____较短，_____作为固定资产管理的各种用具物品。

13. 低值易耗品包括_____、_____、_____和_____等几类。

14. 低值易耗品的_____随其实物形态的磨损而逐渐地_____，其逐渐转移的价值应采用合理的方法计入各_____。

15. 周转材料是指建筑企业在施工生产中_____并基本保持_____，而逐渐_____的各种工具型的材料。

16. 周转材料包括_____、_____、_____、_____几类。

17. 周转材料的价值转移采用_____方式，其摊销方法有_____、_____、_____和_____四种。

18. 施工费用是指建筑企业在_____过程中发生的各种_____，费用包括_____和_____两部分。

19. 工程成本包括_____和_____。

20. 工程成本核算就是_____过程中发生的_____按一定的_____进行_____，从而计算出各工程的_____。

21. 工程成本包括五个成本项目，即_____、_____、_____、_____和_____。

22. 工程成本中所使用机械分为_____和_____两种情况。

23. 土建工程的间接费用采用_____进行分配。

24. 期间费用是指_____发生的，_____直接或间接计入_____，而应于发生时直接计入_____的各项费用。

25. 期间费用包括_____、_____、_____三项。

练一练

编制会计分录

1. 企业接受某单位投入设备一台，原值 300000 元，已提折旧 20000 元。

2. 国家向企业注入投资资金 500000 元，款已收存银行。

3. 某单位以一项专利权对企业进行投资，双方协议价 200000 元。

4. 企业向银行借入三个月的借款 50000 元，款已存入银行。

5. 企业向银行借入三年期的借款 500000 元，用于购置设备。款项已存入银行，随后购置了一台价值为 480000 元的新型设备。

6. 企业开出转账支票，购入水泥一批，买价 80000 元，运杂费 2000 元，水泥已验收入库。计划成本为 75000 元。

7. 企业购入钢材一批，买价 100000 元，运杂费 3500 元，货款尚未支付，该批钢材已验收入库。其计划成本为 120000 元。

8. 甲工程施工领用水泥一批，计划成本 90000 元，材料成本差异率 −1%。

9. 甲工程施工领用灰桶、铁锹等生产工具一批，计划成本 2000 元。

10. 企业用银行存款购入管理用具一批，买价 5000 元，运杂费 150 元，已验收入库，计划成本 6000 元。

11. 企业购入组合钢模一批，实际成本 80000 元，计划成本 86000 元，货款已支付，模板验收入库。

12. 商品房工程施工领用木模一批，计划成本 30000 元，材料成本差异率 1%。

13. A 工程施工应付生产工人工资 46000 元。

14. A 工程施工耗用主要材料，计划成本 150000 元，材料成本差异率 1%。

15. 企业开出转账支票支付 B 工程施工租用机械租赁费 5000 元。

16. A 工程施工进行自有机械作业，机械操作人员工资 3000 元，领用燃料 1000 元。

17. 企业用银行存款支付 B 工程主要材料二次搬运费 1200 元。

18. 现金支付施工管理人员差旅费 3500 元，出差归来报销差旅费 3000 元。

19. 结转已完甲工程的实际成本 350000 元。

20. 现金购入行政办公用品一批，价值 500 元。

21. 企业开出转账支票支付业务招待费 4600 元。

22. 银行存款支付本季度利息 6000 元。

综合实训

☆实训练习一

一、目的

练习资金进入企业的核算（筹资业务核算）。

二、资料

某建筑企业 12 月份发生下列经济业务。

1. 收到甲单位投入资金 360000 元，存入银行。

2. 收到乙单位投入全新施工机械一台，原值 300000 元。

3. 企业购置设备一批，计价款 296000 元，设备价款用向银行借入期限三年的贷款支付。

4. 向银行借入期限九个月的借款 150000 元，款项已存入银行。

三、要求

根据上述资料编制会计分录。

☆ 实训练习二

一、目的

练习采购供应过程的核算。

二、资料

某建筑企业 12 月份发生下列经济业务。

1. 向 A 工厂购入钢材，买价及运杂费共计 38000 元，货款已用银行存款支付。

2. 现金支付采购员赵山预借差旅费 3000 元。

3. 向 B 工厂购入水泥，买价及运杂费共计 26000 元，货款尚未支付。

4. 采购员赵山报销差旅费 2 800 元，退回多余现金 200 元。

5. 购入钢材和水泥均已验收入库，钢材计划成本 40000 元，水泥计划成本 25000 元（材料按计划成本计价）。

6. 用银行存款购进消防器材一批，买价 3000 元，发生运杂费 100 元，该批消防器材的计划成本为 3 200 元，已验收入库。

7. 企业用银行存款购入大型组合钢模，买价 98000 元，运杂费 400 元，已验收入库。该批大型组合钢模的计划成本为 110000 元。

三、要求

根据上述资料编制会计分录。

☆ 实训练习三

一、目的

练习施工生产过程（工程成本和期间费用）的核算。

二、资料

某建筑企业 12 月份发生下列经济业务。

1. 材料仓库发出下列材料，用于甲、乙两工程

钢材 35000 元，其中：101 工程 20000 元，102 工程 15000 元。

水泥 80000 元，其中：101 工程 50000 元，102 工程 30000 元。

普通砖 23000 元，其中：101 工程 14000 元，102 工程 9000 元。

2. 向银行提取现金 10000 元，备用。

3. 工程处管理人员张平预借差旅费 5000 元，现金付讫。

4. 银行存款购入 5000 元办公用品，其中：2000 元工程处领用，3000 元企业管理部门领用。

5. 预付下年度报纸杂志订阅费 3600 元，用银行存款支付。

6. 结算应付工资，其中：101 工程生产工人工资 65000 元，102 工程生产工人工资 50000 元，工程处管理人员工资 8500 元，企业管理人员工资 9 800 元。

7. 向银行提取现金 133300 元，备发工资。

8. 现金发放职工工资 133300 元。

9. 张平报销差旅费 5200 元，补付现金 200 元。

10. 用银行存款支付施工机械台班费共 26000 元，其中：101 工程机械台班费 15000 元，102 工程机械台班费 11000 元。

11. 计提本月工程处管理部门固定资产折旧费 1800 元，企业管理部门固定资产折旧费 1500 元。

12. 用银行存款支付工程处管理部门办公费 1500 元。

13. 用银行存款支付本季度借款利息 900 元。

14. 摊销应由本月负担的大型机械进出场费 5000 元，其中 101 工程 3000 元，102 工程 2000 元。

15. 预提本月短期借款利息 300 元。

16. 用银行存款支付本月水电费 1320 元，其中 101 工程 500 元，102 工程 420 元，工程处管理部门 200 元，企业行政管理部门 200 元。

17. 将本月发生的施工间接费用按 101 工程和 102 工程的直接费比例进行分配。

三、要求

根据上述资料编制会计分录。

任务 5

学习建筑企业主要经济业务的核算（下）

任务 5.1 如何进行工程收入的核算

◆ 学习目标
1. 了解收入的概念、特点、分类
2. 掌握建造合同收入确认的条件、方法
3. 掌握建造合同收入的核算
4. 掌握工程价款结算的核算

◆ 重点难点
1. 建造合同收入的核算
2. 工程价款结算的核算

收入是企业经营成果的重要指标。通过获得收入并补偿为此而发生的支出，以获得一定利润，是施工企业日常经营活动中最主要的目标之一。

5.1.1 收入概述

1. 收入的概念

收入是指企业在日常活动中形成的、会导致所有者权益增加的、与所有者投入资本无关的经济利益的总流入。

2. 收入的特点

收入具有以下特点：

（1）收入是企业在日常活动中形成的经济利益的总流入。

（2）收入会导致所有者权益增加。

（3）收入与所有者投入资本无关。

3. 收入的分类

建筑企业的收入是指建筑企业在生产经营活动中，由于承包工程、销售产品、提供劳务等实现的收入。按经营业务的主次分类，收入分为主营业务收入和其他业务收入。

（1）主营业务收入

主营业务收入一般占企业收入的比重较大，对企业的经济效益产生较大的影响。不同行业的主营业务收入所包括的内容不同，对于建筑企业，其主营业务收入主要是指建造合同收入，包括合同中规定的初始收入和因合同变更、索赔、奖励等形成的收入。

（2）其他业务收入

其他业务收入一般占企业收入的比重较小，是建筑企业除建造合同收入以外的兼营活动中取得的各项收入，是对主营业务收入的一种补充。其他业务收入包括材料销售收入、产品销售收入、固定资产出租收入等。

5.1.2 建造合同收入

1. 建造合同收入的概念及特征

建造合同，是指为建造一项或数项在设计、技术、功能、最终用途等方面密切相关的资产而订立的合同。其中，所指的资产主要包括房屋、道路、桥梁、水坝等建筑物，以及船舶、飞机、大型机械设备等。由于本书主要针对建筑施工企业，如无特殊的说明，建造合同均指建造工程合同。

建造合同的主要特征在于：

（1）先有买主（客户），后有标的（资产），建造资产的造价在合同签订时就已经确定。

（2）资产的建设周期长，一般都要跨越一个会计年度，有的长达数年。

（3）所建造资产的体积大，造价高。

（4）建造合同一般为不可撤销合同。

2. 建造合同的种类

建造合同一般分为两种类型，即固定造价合同和成本加成合同。

（1）固定造价合同

固定造价合同是指按照固定的合同价或固定单价确定工程价款的建造合同。

例如，第一建筑公司与客户签订一项高速公路施工合同，总里程为100km，单价为600万元/km。该合同就是固定造价合同。

（2）成本加成合同

成本加成合同是指以合同约定或其他方式议定的成本为基础，加上该成本的一定比例或定额费用确定工程价款的建造合同。

例如，某建筑公司与客户签订一项建造污水处理设施的建造合同，双方约定以该设备的实际成本为基础，采用2%的加成率来计算合同总造价。该合同就是成本加成合同。

固定造价合同与成本加成合同的根本区别在于风险的承担者不同。

3. 建造合同收入的内容

合同收入包括合同规定的初始收入和因合同变更、索赔、奖励等形成的追加收入两部分。

（1）合同规定的初始收入

初始收入即企业与客户在双方签订的合同中最初商定的合同总金额，它构成了合同收入的基本内容。

（2）合同的追加收入

因合同变更、索赔、奖励等形成的收入，是在执行合同过程中由于合同变更、索赔、奖励等原因形成的追加收入。根据建造合同准则的规定，建筑企业不能随意确认这部分收入，只有在符合规定条件时才能构成合同总收入。

4. 建造合同收入的确认条件

由于建造合同的初始收入已在合同中确定，故以下着重说明合同追加收入的确认条件。

（1）合同变更收入的确认

合同变更是指客户为改变合同规定的作业内容而提出的调整。合同的变更可能会导致最初的合同总金额发生变化。因合同变更而增加的收入，应在同时具备下列条件时予以确认：

1）客户能够认可因变更而增加的收入。

2）收入能够可靠地计量。

如果不同时具备上述两个条件，则不能确认变更收入。

（2）索赔收入的确认

索赔款是指因客户或第三方的原因造成的、由建造承包商向客户或第三方收取的、用于补偿不包括在合同造价中的成本款项。因索赔款而形成的收入，应在同时具备下列条件时予以确认：

1）根据谈判情况，预计对方能够同意这项索赔。

2）对方同意接受的金额能够可靠地计量。

如果不同时具备上述条件，则不能确认索赔收入。

（3）奖励收入的确认

奖励款是指工程达到或超过规定的标准时，客户同意支付给建造承包商的额外款项。因奖励而形成的收入应在同时具备下列条件时予以确认：

1）根据目前合同完成情况，足以判断工程进度和工程质量能够达到或超过既定的标准。

2）奖励金额能够可靠地计量。

如果不同时具备上述条件，则不能确认奖励收入。

5.1.3 建造合同收入与费用的确认及核算

由于建造合同的施工期限较长，通常都超过一个会计年度，为了核算和反映当期已完工部分的合同收入、费用和利润，根据权责发生制和配比原则，需对合同收入与费用进行确认。

1. 建造合同收入和费用确认的方法

无论是固定造价合同还是成本加成合同，只要建造合同的结果能够可靠估计，就应当根据完工百分比法确认合同收入和合同费用。

（1）完工百分比法是根据合同完工进度确认合同收入和费用的方法

运用这种方法确认合同收入和费用，能为报表使用者提供有关合同进度及本期业绩的有用信息，体现了权责发生制原则。

（2）完工百分比法确认合同收入和费用的步骤

运用完工百分比法的关键是确定合同完工进度，其步骤为：

1）确定建造合同的完工进度，计算出各期的完工百分比。

2）根据完工百分比计算各期的合同收入和合同费用。

（3）确定合同完工进度的方法

1）根据实际发生的合同成本占合同预计总成本的比例确定。

此方法是确定合同完工进度较常用的方法，计算公式如下：

$$合同完工进度 = \frac{累计实际发生的合同成本}{合同预计总成本} \times 100\%$$

式中，累计实际发生的合同成本是指形成工程进度的工程实体和工作量所耗用的直接成本和间接成本。

合同预计总成本 = 累计实际发生的合同成本 + 预计为完成合同尚需发生的成本

【例 5-1】 某建筑公司签订了合同总价为 1000 万元的建造合同，合同规定的建设期为三年。第一年，实际发生合同成本 300 万元，年末预计为完成合同尚需发生成本 520 万元；第二年，实际发生合同成本为 400 万元，年末预计为完成合同尚需发生成本 150 万元。根据上述资料，计算合同完工进度如下：

$$第一年合同完工进度 = \frac{300}{300+520} \times 100\% = 37\%$$

$$第二年合同完工进度 = \frac{300+400}{300+400+150} \times 100\% = 82\%$$

2）根据已经完成的合同工作量占合同预计总工作量的比例确定。

此方法适用于合同工作量容易确定的建造合同，如道路工程、土石方挖掘、砌筑工程等。计算公式如下：

【例5-2】某路桥工程公司签订了修建一条100km公路的建造合同，合同规定的总金额为8000万元，工期为三年。该公司第一年修建了30km，第二年修建了40km。根据上述资料，计算合同完工进度如下：

$$第一年合同完工进度=\frac{30}{100}\times100\%=30\%$$

$$第二年合同完工进度=\frac{30+40}{100}\times100\%=70\%$$

3）根据实际测定的完工进度确定。

此方法是在无法根据上述两种方法确定合同完工进度时所采用的一种特殊的技术测量方法，适用于一些特殊的建造合同，如水下施工工程等。需要注意的是，这种技术测量并不是由建造承包商自行随意测定的，而应由专业人员现场进行科学测定。

例如，某建筑公司承建一项水下作业工程，经专业人员现场测定，已完工作量已达合同总工作量的80%，则该合同的完工进度为80%。

（4）完工百分比法的运用

合同完工进度确定后，便可根据完工百分比法确认和计量当期合同收入和费用。计算公式如下：

当期确认的合同收入＝（合同总收入 × 完工进度）
　　　　　　　　　－以前会计年度累计已确认的收入

当期确认的合同毛利＝（合同总收入－合同预计总成本）× 完工进度
　　　　　　　　　－以前会计年度累计已确认的毛利

当期确认的合同费用＝当期确认的合同收入－当期确认的合同毛利
　　　　　　　　　－以前会计年度预计损失准备

上述公式中的完工进度指累计完工进度。

2. 建造合同收入的核算

建筑企业应设置"主营业务收入"、"主营业务成本"等损益类账户，核算和监督建造合同收入以及建造合同成本的结转情况。

（1）"主营业务收入"账户

用以核算建筑企业当期确认的建造合同收入。其贷方登记企业当期确认的合同收入；借方登记期末转入"本年利润"账户的合同收入；期末结转后，本账户无余额。

（2）"主营业务成本"账户

用以核算建筑企业当期确认的建造合同费用。其借方登记企业当期确认的合同费用；贷方登记期末转入"本年利润"账户的合同费用；期末结转后，本账户无余额。

【例5-3】华宇建筑公司签订了一项合同金额为3000万元的固定造价合同。合同规定的工期为三年。假定经计算第一年完工进度为40%，第二年完工进度已达 80%，经测定，前两年的合同预计总成本均为 2400 万元。第三年工程全部完成，累计实际发生合同成本 2300 万元。

根据上述资料，计算各项确认的合同收入和费用及会计处理如下：

第一年确认的合同收入 = 3000×40% = 1200 万元

第一年确认的合同毛利 = 3000-2400×40% = 240 万元

第一年确认的合同费用 = 1200-240 = 960 万元

借：主营业务成本　　　　　　　　　　　　　　　9600000
　　工程施工——毛利　　　　　　　　　　　　　2400000
　　贷：主营业务收入　　　　　　　　　　　　　　　　12000000

第二年确认的合同收入 =（3000×80%）-1200 = 1200 万元

第二年确认的合同毛利 =（3000-2400）×80%-240 = 240 万元

第二年确认的合同费用 = 1200-240 = 960 万元

借：主营业务成本　　　　　　　　　　　　　　　9600000
　　工程施工——毛利　　　　　　　　　　　　　2400000
　　贷：主营业务收入　　　　　　　　　　　　　　　　12000000

第三年确认的合同收入 = 3000-（1200+1200）= 600 万元

第三年确认的合同毛利 =（3000-2300）-（240+240）= 220 万元

第三年确认的合同费用 = 600-220 = 380 万元

借：主营业务成本　　　　　　　　　　　　　　　3800000
　　工程施工——毛利　　　　　　　　　　　　　2200000
　　贷：主营业务收入　　　　　　　　　　　　　　　　6000000

5.1.4　工程价款结算

建筑企业对于已完工程或竣工工程，应与发包单位结算工程价款。工程价款结算是指建筑企业按照建造合同的规定，向建设单位点交已完工程或竣工工程并收取工程价款的行为。通过工程价款的结算，可以及时补偿建筑企业在施工过程中的资金耗费，保证再生产活动的顺利进行。

1. 工程价款结算方式

（1）竣工后一次结算。

（2）按月结算（在月末按已完分部分项工程结算价款）。

（3）分段结算（按工程形象进度划分的不同阶段，分段进行结算）。

建筑企业与发包单位办理工程价款结算时，不论是哪一种结算方式，都应填制"工程价款结算账单"（它是办理工程价款结算的重要依据），经发包单位审核签证后，送交开户银行办理结算，同时还需附送"已完工程月报表"。"工程价款结算账单"中所列应收工程款应与"已完工程月报表"中的工程造价相符（本期已完工程）。

"已完工程月报表"和"工程价款结算账单"的一般格式，见表 5-1、表 5-2 所列。

已完工程月报表　　　　　　　　　　　　　表 5-1

发包单位名称：　　　　　　　　　　年　月　日　　　　　　　　　　单位：万元

单项工程名称	合同造价	建筑面积	开竣工日期		实际完成数		备注
			开工日期	竣工日期	至上期止已完工程累计	本期已完工程	

工程价款结算账单　　　　　　　　　　　　　表 5-2

发包单位名称：　　　　　　　　　　年　月　日　　　　　　　　　　单位：万元

单项工程名称	合同造价	本期应收工程款	应扣款项			本期实收工程款	备料款余额	累计已收工程款	备注
			合计	预收工程款	预收备料款				

2. 工程价款结算的核算

（1）账户设置

为了总括地核算和监督建筑企业工程价款收入的实现以及与工程价款收入有关的成本的结转和税费的计算情况，建筑企业应设置如下账户：

1）"主营业务收入"账户

核算企业承包工程实现的工程价款收入即合同收入，包括已完工程价款收入和追加收入。

2）"主营业务成本"账户

核算企业已办理工程价款结算的已完工程的实际成本。

3）"营业税金及附加"账户

核算企业因从事建筑安装生产活动取得工程价款收入而按规定应缴纳的营业税、城市维护建设税及教育费附加。

4）"应收账款"账户

核算企业办理价款结算时，按照合同规定而应收取的工程价款。

（2）核算方法

【例 5-4】华宇建筑公司根据"工程价款结算账单"与建设单位结算当月工程价款，应收价款收入 500000 元，工程款尚未收到。编制会计分录如下：

　　借：应收账款　　　　　　　　　　　　　　　　　　　500000
　　　　贷：主营业务收入　　　　　　　　　　　　　　　　　　500000

【例 5-5】月末，企业结转当月已完工程实际成本 428000 元。编制会计分录如下：

　　借：主营业务成本　　　　　　　　　　　　　　　　　428000
　　　　贷：工程施工　　　　　　　　　　　　　　　　　　　428000

【例 5-6】计算并结转本月工程价款结算收入 500000 元应上交的营业税及附加。

营业税 = 500000 × 3% = 15000 元
城市维护建设税 = 15000 × 7% = 1050 元
教育费附加 = 15000 × 3% = 450 元
编制会计分录如下：

借：营业税金及附加　　　　　　　　　　　　　　　　16500
　　贷：应交税费——应交营业税　　　　　　　　　　　　15000
　　　　　　　　——应交城市维护建设税　　　　　　　　　1050
　　　　　　　　——应交教育费附加　　　　　　　　　　　 450

任务 5.2　如何进行财务成果的核算

◆ 学习目标
1. 理解财务成果确定的基本方法
2. 熟悉设置的主要账户及相关核算

◆ 重点难点
设置的主要账户及相关核算

财务成果是企业在一定时期内进行生产经营活动最终在财务上所实现的成果，即利润或亏损。

建筑企业在工程点交过程中，实现的合同收入，还不能算是最终的财务成果，企业在经营活动中，由于各种因素，还会发生其他或营业外的收入和支出，它们也都属于企业利润的组成部分。

5.2.1　利润的构成

利润是企业在一定会计期间的经营成果，是衡量企业经营管理水平，评价企业经济效益的一项重要指标。

1. 建筑企业的利润构成

建筑企业的利润由营业利润和营业外收支净额两部分组成，具体构成如下：

（1）营业收入。营业收入是指建筑企业经营业务所确认的收入总额。包括主营业务收入和其他业务收入。

（2）营业成本。营业成本是指企业经营业务所发生的实际成本总额。包括主营业务成本和其他业务成本。

（3）资产减值损失。

（4）公允价值变动收益（或损失）。
（5）投资收益（或损失）。
（6）营业外收入。
（7）营业外支出。
（8）所得税费用。

2. 利润总额

$$利润总额＝营业利润＋营业外收入－营业外支出$$

其中：营业利润＝营业收入－营业成本－营业税金及附加－管理费用－销售费用－财务费用－资产减值损失＋公允价值变动收益（或－损失）＋投资收益（或－投资损失）

营业利润是企业利润的主要来源。

3. 净利润

$$净利润＝利润总额－所得税费用$$

5.2.2 其他业务收入的核算

1. 其他业务收入的内容

其他业务收入是指建筑企业从事主营业务以外的其他业务活动所取得的收入。是企业营业收入的一个组成部分，一般包括产品或材料的销售收入、机械作业收入、固定资产出租收入、无形资产转让收入等。

2. 账户设置

为核算和监督建筑企业除工程价款结算收入以外的其他业务收入，应设置以下账户：

（1）"其他业务收入"账户

核算企业从事其他经营活动实现的收入。期末将账户余额全部转入"本年利润"账户，结转后无余额。

（2）"其他业务成本"账户

核算企业与其他业务收入相关联的各种支出。如销售产品或材料的成本、出租固定资产的折旧额、无形资产转让成本、税金及附加等。期末将账户余额全部转入"本年利润"账户，结转后无余额。

3. 核算方法

【例5-7】华宇建筑公司所属运输队对外提供运输服务，向对方收取5000元的运费，款项已存入银行。编制会计分录如下：

借：银行存款　　　　　　　　　　　　　　　　　5000
　　贷：其他业务收入——机械作业收入　　　　　　　　　5000

【例5-8】华宇建筑公司所属预制构件厂对外销售一批钢筋混凝土预制构件，销售价款58000元，已存入银行，同时结转该批钢筋混凝土预制构件的生产成本38000元，计算并结转营业税及附加。编制会计分录如下：

（1）借：银行存款　　　　　　　　　　　　　　　　58000

    贷：其他业务收入——材料销售收入   58000
（2）借：其他业务成本   38000
    贷：库存商品   38000
（3）借：其他业务成本   1914
    贷：应交税费——应交营业税   1740
        ——应交城市维护建设税   121.80
        ——应交教育费附加   52.20

【例5-9】华宇建筑公司将一台挖掘机出租给外单位使用，租赁合同规定每月租金5000元，月末收到当月租金并存入银行，当月计提挖掘机折旧1000元。编制会计分录如下：

（1）借：银行存款   5000
    贷：其他业务收入——出租固定资产收入   5000
（2）借：其他业务成本   1000
    贷：累计折旧   1000

5.2.3 营业外收支的核算

营业外收支是指企业发生的与其生产经营活动无直接关系的各项收入和支出，包括营业外收入和营业外支出。

1. 营业外收入和营业外支出的核算内容

营业外收入是指企业发生的与其日常活动无直接关系的各项利得。营业外收入并不是企业经营资金耗费所产生的，不需要企业付出代价，实际上是经济利益的净流入，不可能也不需要与有关的费用相配比。营业外收入主要包括非流动资产处置利得、非货币性资产交换利得、盘盈利得、捐赠利得、罚没利得等。

营业外支出是指企业发生的与其日常活动无直接关系的各项损失。营业外支出主要包括非流动资产处置损失、盘盈损失、公益性捐赠支出、罚款支出、非常损失等。

2. 营业外收支的核算方法

（1）账户设置

为了反映和监督营业外收、支的发生和结转情况，企业应设置以下账户：

1）"营业外收入"账户

核算营业外收入的取得和结转情况。

2）"营业外支出"账户

核算营业外支出的发生和结转情况。

期末将以上两个账户的余额分别全部转入"本年利润"账户，结转后无余额。

（2）营业外收支的核算方法

【例5-10】华宇建筑公司取得罚款收入2000元，存入银行。编制会计分录如下：

  借：银行存款   2000

　　　　贷：营业外收入——罚没利得　　　　　　　　　　　　　　　　2000

【例5-11】华宇建筑公司以35000元的价格出售一台不需用的小型施工机械，结转该项固定资产清理所取得的收益（该施工机械原值60000元，已提折旧36000元）。编制会计分录如下：

　　　　借：固定资产清理　　　　　　　　　　　　　　　　　　　　11000
　　　　　　贷：营业外收入——处置固定资产利得　　　　　　　　　11000

【例5-12】华宇建筑公司开出转账支票向某山区希望工程捐款200000元。编制会计分录如下：

　　　　借：营业外支出——捐赠支出　　　　　　　　　　　　　　　200000
　　　　　　贷：银行存款　　　　　　　　　　　　　　　　　　　　200000

【例5-13】华宇建筑公司支付违约罚款3000元，通过银行转账。编制会计分录如下：

　　　　借：营业外支出——罚款支出　　　　　　　　　　　　　　　3000
　　　　　　贷：银行存款　　　　　　　　　　　　　　　　　　　　3000

5.2.4　所得税费用的核算

1. 所得税费用的确认

企业某一会计期间的所得税费用，即当期利润表中的所得税费用，由按税法规定计算的当期所得税费用（当期应交所得税）和递延所得税费用两部分组成。

2. 核算

企业应设置"所得税费用"账户核算企业根据所得税准则确认的应从当期利润总额中扣除的所得税费用，并按照"当期所得税费用"和"递延所得税费用"进行明细核算，期末，应将该账户的余额转入"本年利润"账户，结转后，本账户无余额。

【例5-14】华宇建筑公司本月实现利润总额1200000元，按税法规定税率33%计算和交纳当期应交所得税。

（1）应纳所得税额 = 1 200000 × 33% = 396000元

编制会计分录如下：

　　　　借：所得税费用——当期所得税费用　　　　　　　　　　　　396000
　　　　　　贷：应交税费——应交所得税　　　　　　　　　　　　　396000

（2）交纳所得税时，编制会计分录如下：

　　　　借：应交税费——应交所得税　　　　　　　　　　　　　　　396000
　　　　　　贷：银行存款　　　　　　　　　　　　　　　　　　　　396000

5.2.5　利润和利润分配的核算

1. 利润总额（形成）的核算

为了核算当期（本年度）企业实现的净利润或发生的亏损总额，企业应设置"本年利润"账户。该账户期末若为贷方余额，表示当期（年）实现的净利润；若为借方余额，则表示发生的亏损。年度终了，企业还应将"本年利润"账户的本年累计余额全部转入"利润分配——未分配利润"账户，结转后"本年利润"账户无余额。

会计实务中，在期末，将各损益类账户的余额全部结转到"本年利润"账户，以计算各期实现的净利润（或发生的亏损）。具体方法：损益类账户中所有收入户记入借方，贷记"本年利润"账户；所有支出户记入贷方，借记"本年利润"账户；通过"本年利润"账户的结转，结出本期净利润或亏损额以及本年累计净利润或亏损总额。年终结转后，各损益类账户无余额，"本年利润"账户的贷方余额表示年度内累计实现的利润总额，借方余额表示年度内累计发生的亏损总额。利润的形成过程的核算如下例。

【例5-15】华宇建筑公司12月份各损益类账户余额为：

账户名称	账户余额
主营业务收入	1900000（贷）
主营业务成本	800000（借）
营业税金及附加	60000（借）
销售费用	15000（借）
管理费用	58000（借）
财务费用	20000（借）
其他业务收入	90000（贷）
其他业务成本	48000（借）
投资收益	100000（贷）
营业外收入	27000（贷）
营业外支出	12000（借）
所得税费用	76000（借）

根据上述资料会计处理如下：

（1）结转各收入类账户

借：主营业务收入　　　　　　　　　　　　1900000
　　其他业务收入　　　　　　　　　　　　　90000
　　投资收益　　　　　　　　　　　　　　 100000
　　营业外收入　　　　　　　　　　　　　　27000
　　贷：本年利润　　　　　　　　　　　　2117000

（2）结转各成本、费用、支出类账户

借：本年利润　　　　　　　　　　　　　　1089000
　　贷：主营业务成本　　　　　　　　　　 800000
　　　　营业税金及附加　　　　　　　　　　60000
　　　　销售费用　　　　　　　　　　　　　15000
　　　　管理费用　　　　　　　　　　　　　58000
　　　　财务费用　　　　　　　　　　　　　20000

其他业务成本	48000
营业外支出	12000
所得税费用	76000

通过以上两步结转,"本年利润"账户有贷方余额 1028000 元,即企业当年实现的净利润为 1028000 元。

(3)年终结转"本年利润"账户

　　借:本年利润　　　　　　　　　　　　　　　　　　　　1028000
　　　　贷:利润分配——未分配利润　　　　　　　　　　　　　　　1028000

2. 利润分配的核算

(1)利润分配的内容

建筑企业实现的利润在交纳了所得税以后,即为净利润。根据我国有关法规的规定,一般企业和股份有限公司应将每期实现的净利润进行分配。

利润分配是指企业根据国家规定和企业章程、投资者协议等,对当年可供分配的利润进行分配。

$$可供分配的利润 = 当年实现的净利润 + 年初未分配利润$$
$$(或 - 年初未弥补亏损) + 其他转入$$

利润分配的顺序是:

1)提取法定盈余公积。
2)提取任意盈余公积。
3)向投资者分配利润或现金股利。

(2)利润分配的核算

设置"利润分配"账户,核算企业利润的分配(或亏损的弥补)和历年利润分配(或弥补亏损)后的未分配利润(或未弥补的亏损)。为了完整反映利润分配情况,该账户还应设置"提取法定盈余公积"、"提取任意盈余公积"、"应付股利或应付利润"、"未分配利润"等明细账户,进行明细核算。

建筑企业在年度终了,进行利润分配的账务处理后,应将"本年利润"账户本年累计余额转入"利润分配——未分配利润"账户,并将"利润分配"账户所属其他明细账户的余额,转入"未分配利润"明细账户,结转后,"利润分配——未分配利润"账户若为贷方余额,表示历年累计的尚未分配的利润;若为借方余额,则表示累计的尚未弥补的亏损。

【例 5-16】华宇建筑公司 2007 年实现净利润 1200000 元,年末按 10% 提取法定盈余公积,向投资者分配利润 450000 元。编制会计分录如下:

(1)结转本年利润

　　借:本年利润　　　　　　　　　　　　　　　　　　　　1200000
　　　　贷:利润分配——未分配利润　　　　　　　　　　　　　　　1200000

(2)提取法定盈余公积

　　借:利润分配——提取法定盈余公积　　　　　　　　　　　120000
　　　　贷:盈余公积——提取法定盈余公积　　　　　　　　　　　120000

（3）向投资者分配利润

借：利润分配——应付利润　　　　　　　　　　　　　　450000
　　　贷：应付股利　　　　　　　　　　　　　　　　　　450000

（4）结转各明细账户

借：利润分配——未分配利润　　　　　　　　　　　　　570000
　　　贷：利润分配——提取法定盈余公积　　　　　　　　120000
　　　　　　　　——应付利润　　　　　　　　　　　　　450000

结转后，"利润分配——未分配利润"账户有贷方余额 630000 元，为历年累计尚未分配的利润总额。

任务 5.3　相关资金调整和退出的核算

◆学习目标
了解建筑企业主要经济业务以外的其他一些相关的资金核算内容

资金退出企业是资金运动的终点。前面所述除了建筑企业主要经济业务核算以外，在资金使用过程中还有一些资金调整和退出的相关业务内容，如：出售固定资产、对外投资、归还借款、上交税费等内容。

5.3.1　主要的账户设置

（1）"固定资产清理"账户

核算企业因出售、报废、毁损、对外投资等原因转出的固定资产价值以及在清理过程中发生的费用。清理完毕，清理净收益记入"营业外收入"账户，清理净损失记入"营业外支出"账户。

（2）"长期股权投资"账户

核算企业持有的采用成本法或权益法核算的长期股权投资。可按被投资单位进行明细核算。

（3）"交易性金融资产"账户

核算企业为交易目的所持有的债券投资、股票投资、基金投资等交易性金融资产的公允价值。

5.3.2　核算方法

【例5-17】企业用银行存款归还银行临时借款 100000 元。编制会计分录如下：

　　借：短期借款　　　　　　　　　　　　　　　　　　　100000
　　　　贷：银行存款　　　　　　　　　　　　　　　　　　　100000

【例5-18】企业向银行归还因购设备而借入的为期两年的借款本金400000元，借款利息48000元。编制会计分录如下：

　　借：长期借款　　　　　　　　　　　　　　　　　　　400000
　　　　财务费用　　　　　　　　　　　　　　　　　　　　48000
　　　　贷：银行存款　　　　　　　　　　　　　　　　　　448000

【例5-19】华宇建筑公司出售一幢闲置库房，该房屋账面原值200000元，已提折旧110000元，取得出售价款收入100000元存入银行。编制会计分录如下：

（1）冲减出售固定资产价值

　　借：固定资产清理　　　　　　　　　　　　　　　　　　90000
　　　　累计折旧　　　　　　　　　　　　　　　　　　　　110000
　　　　贷：固定资产　　　　　　　　　　　　　　　　　　200000

（2）取得清理收入

　　借：银行存款　　　　　　　　　　　　　　　　　　　100000
　　　　贷：固定资产清理　　　　　　　　　　　　　　　　100000

（3）结转清理净收益

　　借：固定资产清理　　　　　　　　　　　　　　　　　　10000
　　　　贷：营业外收入　　　　　　　　　　　　　　　　　　10000

【例5-20】企业开出转账支票，购入一年期面值为1000元一张的债券100张，票面利率5%，到期收回本息。编制会计分录如下：

（1）借：交易性金融资产　　　　　　　　　　　　　　　100000
　　　　贷：银行存款　　　　　　　　　　　　　　　　　　100000

（2）借：银行存款　　　　　　　　　　　　　　　　　　105000
　　　　贷：交易性金融资产　　　　　　　　　　　　　　　100000
　　　　　　投资收益　　　　　　　　　　　　　　　　　　　5000

【例5-21】华宇建筑公司将一台账面原值为400000元、已提折旧50000元的设备对外投资。编制会计分录如下：

　　借：长期股权投资　　　　　　　　　　　　　　　　　350000
　　　　累计折旧　　　　　　　　　　　　　　　　　　　　50000
　　　　贷：固定资产　　　　　　　　　　　　　　　　　　400000

【例5-22】华宇建筑公司开出转账支票，交纳工程价款结算收入的营业税及附加16500元。编制会计分录如下：

　　借：应交税费——应交营业税　　　　　　　　　　　　15000
　　　　　　　　——应交城市维护建设税　　　　　　　　　1050
　　　　　　　　——应交教育费附加　　　　　　　　　　　450
　　　　贷：银行存款　　　　　　　　　　　　　　　　　　16500

【例5-23】华宇建筑公司医务室购入医药用品2000元，现金支付某职工生活困难补助400元。编制会计分录如下：

  借：应付职工薪酬——职工福利费   2400
    贷：银行存款   2000
      库存现金   400

【例5-24】华宇建筑公司开出转账支票，支付前欠销货单位的材料款228000元。编制会计分录如下：

  借：应付账款   228000
    贷：银行存款   228000

想一想

1. 什么是收入？收入具有哪些特点？
2. 什么是建造合同？它有什么特征？
3. 完工百分比法确认合同收入和合同费用的步骤是什么？
4. 利润分配的顺序是怎样的？

做一做

1. 收入可以分为_____和_____。
2. 建造合同的种类包括_____和_____。
3. 建造合同收入包括_____和_____两部分。
4. 当建造合同的结果能够可靠估计时，依据_____确认合同收入和合同费用，运用这种方法的关键是确定_____。
5. "主营业务收入"账户是用以核算建筑企业_____。
6. 建筑企业对于_____工程或_____工程，应与发包单位结算工程价款。
7. 工程价款结算是指建筑企业按照_____规定，向_____点交已完工程或竣工工程并收取_____的行为。
8. 工程价款的结算方式有_____、_____、_____等几种。
9. _____是办理工程价款结算的重要依据。
10. 财务成果是指企业在_____内进行生产经营过程最终在_____上的成果，即_____。
11. 建筑企业的利润由_____和_____两个部分组成。其中_____是利润的主要来源。
12. 净利润＝_____－_____。
13. 利润形成的核算需设置_____账户进行核算。

14. 利润分配时，分配的利润是指_____。
15. 资金调整和退出过程的相关业务内容有_____、_____、_____、_____等。

练一练

编制会计分录

1. 企业与建设单位办理工程价款结算，应收工程款 350000 元，款已收存银行。
2. 结转本月已完工程的实际成本 300000 元。
3. 企业销售废旧报纸杂志一批，收取现金 200 元。
4. 企业销售自制材料一批，售价 35000 元，货款尚未收到。
5. 企业向某希望小学捐赠了价值为 100000 元的电脑设备。
6. 企业接受上级主管部门捐款 200000 元。
7. 临时借款 50000 元到期，用银行存款归还。
8. 出售不需用机器一台，双方协议价 20000 元。该机器原值 30000 元，已提折旧 10000 元，价款已收存银行。
9. 企业将一项专利权对外进行联营投资，双方协议价 150000 元。
10. 用银行存款支付某医院职工住院医药费 3000 元。

☆实训练习四

一、目的

练习工程价款结算的核算（工程收入核算）。

二、资料

某建筑企业 12 月份发生下列经济业务。

1. 收到某建设单位上月某工程应收工程款 100000 元，存入银行。
2. 结算本月已完工程应收工程款，其中 101 工程 250000 元，102 工程 150000 元。
3. 结转本月已完工程 101 工程实际成本 175000 元，102 工程实际成本 115000 元。
4. 计算并结转本月已完工程应交营业税及附加。

三、要求

根据上述资料编制会计分录。

☆实训练习五

一、目的

练习建造合同收入和费用确认的核算。

二、资料

某建筑公司签订了一项总金额为 2000000 元的建造合同，合同规定的工期为三年。该建造合同的结果能够可靠地估计,在资产负债表日按完工百分比法确认合同收入和费用。有关资料见下表所列。

	2004年	2005年	2006年	合计
合同总价款				2000000
实际发生成本	450000	734000	566000	1750000
估计至完工需投入资本	1050000	666000		1716000
已办理结算的金额	400000	700000	900000	2000000

三、要求

1. 确定各年的合同完工进度。
2. 计算各年的合同收入、费用和毛利。
3. 编制各年结算工程款、确定收入和费用的会计分录。

☆ 实训练习六

一、目的

练习利润形成及利润分配的核算(财务成果核算)。

二、资料

某建筑企业12月份发生下列经济业务。

1. 企业销售大型屋面板,价款30000元,尚未收回。同时结转销售成本22000元。
2. 向市建一公司销售空心板,货款40000元,款已收存银行。同时结转空心板的销售成本28000元。
3. 企业将一台推土机对外出租,收取当月租赁费8000元,款项已存入银行。
4. 企业对外提供运输劳务,收到承运货物的运费20000元,存入银行。
5. 将企业无法支付的应付账款20000元,转为营业外收入。
6. 企业开出转账支票对某福利院捐款200000元。
7. 企业收到对外投资利润分成50000元,存入银行。
8. 将全部收入转入"本年利润"账户(资料根据实训练习四、实训练习六的内容)。
9. 将全部支出、费用、成本转入"本年利润"账户(资料根据实训练习三、实训练习四、实训练习六的内容)。
10. 计算并结转当期应交所得税(税率33%)。
11. 按税后利润的10%提取法定盈余公积。
12. 应向投资者分配投资利润100000元。
13. 结转"本年利润"账户。
14. 结转"利润分配——未分配利润"账户。

三、要求

根据上述资料编制会计分录。

☆**实训练习七**

一、目的

练习资金调整和退出企业的核算。

二、资料

某建筑企业 12 月份发生以下经济业务。

1. 用银行存款归还三个月短期借款本金 150000 元，利息 2250 元。

2. 职工报销医药费 860 元，现金付讫。

3. 用银行存款归还前欠 A 公司购水泥款 36000 元。

4. 用银行存款交纳当期所得税 15000 元。

5. 开出转账支票支付分配给投资者的投资利润 100000 元。

6. 企业将不需用的一台混凝土搅拌机对外出售，售价 40000 元，该混凝土搅拌机的原值 38000 元，已提折旧 2000 元，销售价款已收存银行。

7. 企业将一闲置的厂房对外投资，该厂房账面原值 250000 元，已提折旧 7000 元，厂房已验收使用。

三、要求

根据上述资料编制会计分录。

任务 6

填制与审核会计凭证

任务 6.1　会计凭证的准备知识

◆ 学习目标
了解会计凭证的定义和种类

6.1.1　初次认识会计凭证

美国安然公司以及为其进行审计的安达信会计师事务所在其假账丑闻被曝光之后传出了暗中销毁凭证的内幕……

在会计上,对于所发生的每一项经济业务,都要按照规定的程序和要求由经办人员取得或自制会计凭证。例如购买材料,必须取得供货方开出的发票;

用转账支票支付货款，必须保留转账支票的存根联；材料入库，必须有材料入库单；领用材料，必须有领料单。这些证明经济业务发生或完成的单据被称做会计凭证。

会计凭证简称凭证，是记录经济业务发生和完成情况、明确经济责任的书面证明，也是用来登记账簿的依据，如图 6-1 所示。在会计凭证中，会列明经济业务发生的日期、内容、数量、金额，并由相关人员签名盖章，借以明确经济责任。

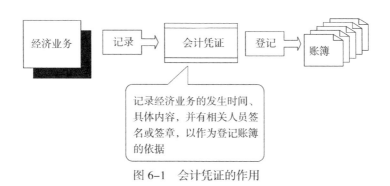

图 6-1　会计凭证的作用

简单来说，会计凭证就是记账的依据。账不可乱记，必须有书面文件证明，而这种证明文件就是会计凭证。只有经过审核无误的会计凭证才能作为登记账簿的依据。

6.1.2　认识会计凭证的分类

根据填制的程序和用途，会计凭证可以分为原始凭证和记账凭证。其中：

原始凭证是记载经济业务发生与完成情况的原始证据，是登记记账凭证的依据；记账凭证是以原始凭证为依据编制的，是登记账簿的直接依据。

1. 认识原始凭证的分类

原始凭证又称原始单据，是在经济业务发生时取得或填制的，用以证明经济业务的发生和完成情况，并作为记账依据的会计凭证。原始凭证是进行会计核算的原始资料。

原始凭证是多种多样的，根据不同的标准有着不同的分类，如图 6-2 所示。

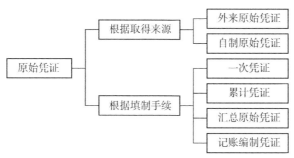

图 6-2　原始凭证的种类

例如，根据取得来源，可以分为外来原始凭证和自制原始凭证；根据填制手续不同，可以分为一次凭证、累计凭证、汇总原始凭证和记账编制凭证四种。

2. 认识记账凭证的分类

记账凭证按其适用范围不同，可以分为专用记账凭证和通用记账凭证（图6-3）。在一个企业中，要么使用通用记账凭证，要么使用专用记账凭证，两者不能混用。

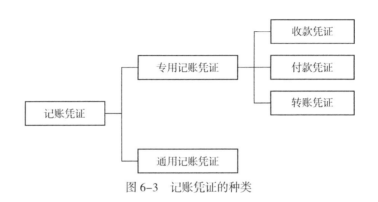

图6-3　记账凭证的种类

任务 6.2　如何填制与审核原始凭证

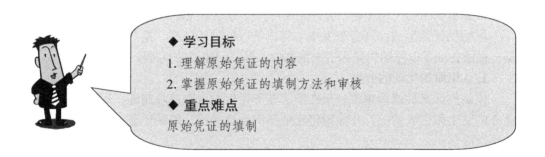

◆ 学习目标
1. 理解原始凭证的内容
2. 掌握原始凭证的填制方法和审核

◆ 重点难点
原始凭证的填制

6.2.1　任务引入：如何填制原始凭证

1. 填制自制原始凭证

自制原始凭证是指由本单位内部经办业务的部门和人员，在完成某项经济业务时自行填制的、仅供本单位内部使用的原始凭证。如企业仓库保管人员在验收材料入库时填制的"收料单"、生产部门领用材料时填制的"领料单"（表6-1）、计算工资时填制的工资结算单、因出差等事由预支款项的借款单、报销时填制的差旅费报销单等。

【例6-1】市建一公司第二项目部李明于2009年8月1日向公司1号仓库管

理员张海良领取水泥10t，用于甲工程，水泥规格为P.S32.5，材料编号为2001，单价250元/t，请填写自制原始凭证。

领料单格式见表6-1。根据上述内容，制作领料单，见表6-2所列。

领 料 单 表6-1

领料单位：　　　　　　　　　　　　　　　　　　　　　凭证编号：
用　途：　　　　　　　　　年　月　日　　　　　　　　发料仓库：

材料类别	材料编号	材料名称及规格	单位计量	数量		单价	金额（元）
				请领	实发		
备注						合计	

主管（签章）　　　记账（签章）　　　发料人（签章）　　　领料人（签章）

领 料 单 表6-2

领料单位：第二项目部　　　　　　　　　　　　　　　　凭证编号：010
用　途：甲工程　　　　　　　2009年8月1日　　　　　发料仓库：1号仓库

材料类别	材料编号	材料名称及规格	计量单位	数量		单价	金额（元）
				请领	实发		
主材	2001	水泥P.S 32.5	t	10	10	250	2500
备注						合计	2500

主管：姚刚　　记账：许小力　　发料人：张海良　　领料人：李明

2.填制外来原始凭证

外来原始凭证是指在经济业务完成时，从其他单位或个人手中取得的原始凭证，如向外单位购货时由供货单位开出的增值税专用发票或普通发票、出差时取得的车船机票、银行开出的收款或付款的结算凭证等。

外来原始凭证做法略。

注意： 自制原始凭证和外来原始凭证是相对的。如同样是发票，对于销售方来讲，是他自己开出的，因此是自制原始凭证；而对于购货方来说，则是从他人手中获取的，因此属于外来原始凭证。

3. 填制一次凭证、累计凭证、汇总原始凭证和记账编制凭证

根据填制手续的不同，原始凭证可以分为一次凭证、累计凭证、汇总原始凭证和记账编制凭证。

（1）一次凭证

一次凭证是指只反映一项经济业务，或者虽然同时反映若干项同类性质的经济业务，但其填制手续是一次性完成的，并且这种已填列的凭证不能再重复使用。

实务中，大多数原始凭证属于一次性原始凭证。例如，增值税专用发票或普通发票、收料单（表6-3）、入库单等。一次原始凭证的特点是填制手续一次完成、使用方便灵活，但数量较多。

收 料 单   表6-3

供货单位：　　　　　　　　　　　　　　　　　　　　　　　　凭证编号：
发票编号：　　　　　　　　年　月　日　　　　　　　　　　　收料仓库：

材料类别	材料编号	材料名称及规格	计量单位	数量		金额（元）			
				应收	实收	单价	买价	运杂费	合计
备注						合计			

　　主管　　　　　会计　　　　　审核　　　　　记账　　　　　收料

（2）累计凭证

累计凭证是指在一定期间连续记载若干项同类经济业务的原始凭证，如"限额领料单"（表6-4）等。

累计凭证的特点是填制手续不是一次完成，而是陆续完成的，可以有效使用多次，在一定期间可以随时计算同类经济业务发生额的累计数，从而起到简化填制手续、减少凭证张数的作用。

【例6-2】市建一公司第二项目部李明于2009年8月1日向公司1号仓库管

理员张海良领取水泥 10t，水泥规格为 P.S32.5，编号为 2001，单价 250 元 /t；后又于 8 月 15 日领取水泥 6t，均用于甲工程。该公司甲工程的水泥消耗定额为 0.35t/m³，甲工程混凝土工程量为 50m³，请依此填制限额领料单。

限额领料单格式，见表 6-4。根据上述内容，制作领料单，见表 6-5 所列。

限额领料单　　　　　　　　　　　　　　　　　　表 6-4
年 月 日

领料单位：　　　　　　　用　途：　　　　　　　计划产量：
材料编号：　　　　　　　名称规格：　　　　　　计量单位：
单　价：　　　　　　　　消耗定额：　　　　　　领用限额：

年		请领		实发				
月	日	数量	领料单位负责人	数量	累计	发料人	领料人	限额结余
累计实发金额（大写）							￥	元

供应部门负责人（签字）　　　生产计划部门负责人（签字）　　　仓库负责人（签字）

限额领料单　　　　　　　　　　　　　　　　　　表 6-5
2009 年 8 月

领料单位：第二项目部　　　用　途：甲工程　　　　计划产量：50m³
材料编号：2001　　　　　　名称规格：水泥 P.S 32.5　计量单位：t
单　价：250 元 /t　　　　　消耗定额：0.35t/m³　　　领用限额：17.5t

2009 年		请领		实发				
月	日	数量	领料单位负责人	数量	累计	发料人	领料人	限额结余
8	1	10	赵军红	10	10	张海良	李明	7.5
8	15	6	赵军红	6	16	张海良	李明	1.5
累计实发金额（大写）				肆仟元整			￥ 4000.00 元	

供应部门负责人：张劲　　　生产计划部门负责人：王松　　　仓库负责人：张海良

（3）汇总原始凭证

汇总原始凭证是指在会计核算中，为简化记账凭证的编制工作，将一定时期内反映经济业务内容相同的若干张原始凭证加以汇总编制成一张汇总原始凭证，用以集中反映某项经济业务总括发生情况的会计凭证，因此又称"原始凭证汇总表"。例如，发料凭证汇总表（表6-6）、产品出库汇总表、材料入库汇总表、工资结算汇总表等。

这里要注意的是，汇总原始凭证只能将同类内容的经济业务汇总填列在一张汇总凭证中。汇总原始凭证的填制方法略。

发料凭证汇总表　　　　　　　　　　　　　表6-6

年　　月　　日　　　　　　　　　　　　　单位：元

应借科目	应贷科目：材料					发料合计
	明细科目：原材料				辅助材料	
	1~10日	11~20日	21~30日	小计		
生产成本						
制造费用						
管理费用						
合　计						

（4）记账编制凭证

记账编制凭证是根据账簿记录和经济业务的需要编制的一种自制原始凭证。企业自制的原始凭证，一般都是以实际发生或完成的经济业务为依据，由经办人员填制并盖章的。但自制的记账编制凭证则是根据已经完成的账簿记录而填制的，如在计算产品成本时编制的"制造费用分配表"（表6-7）就是根据制造费用明细账编制的。

制造费用分配表　　　　　　　　　　　　　表6-7

年　　月　　日　　　　　　　　　　　　　单位：元

产品名称	分配标准（工时）	分配率	分配金额
备注：待分配制造费用总额		元	

制表人：　　　　　　　　　　　　　　　复核人：

6.2.2 任务深入：原始凭证的基本内容

原始凭证是会计核算最基础的原始资料。为保证会计核算工作的质量，首先必须保证原始凭证的质量，正确地填制和取得原始凭证。

由于各类经济业务内容和经济管理要求的不同，原始凭证的名称、格式和内容也是多种多样的。但是，无论哪种原始凭证，都要具备一些共同的基本内容，这些基本内容被称为"原始凭证的要素"，如图6-4所示。

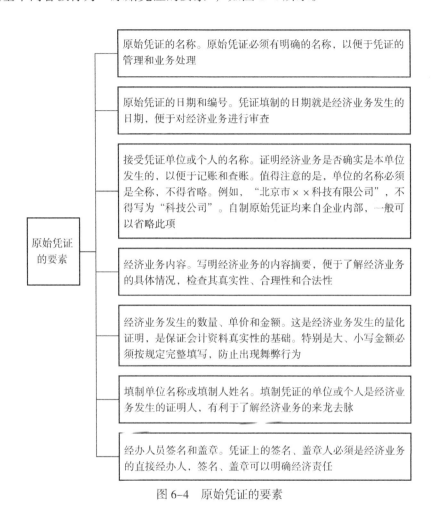

图6-4 原始凭证的要素

6.2.3 任务深入：原始凭证的填制要求

不同类型的经济业务，其填制或取得的原始凭证不但格式不同，具体的填制方法和内容也不一致。但是，任何一张原始凭证的填制都应当遵守下列基本要求。

1. 真实正确

原始凭证是用以证明经济业务的发生或完成情况的，是编制记账凭证的依据，其内容正确与否，直接影响下一步的会计核算，直接影响会计信息的真实性。所以，在填制原始凭证时，绝不允许以任何手段弄虚作假、伪造或变造原始凭证，也不能乱估计数字，而要以实际发生的经济业务为依据，真实、正确地填写。

2. 内容完整

原始凭证的基本内容应填写齐全，不得遗漏或省略。经办业务的有关部门和人员要认真审查，并签名盖章。内容不齐备的原始凭证是无效的，不能作为经济业务的合法证明，不得作为会计核算的原始书面证明。

3. 填制及时

会计核算的及时性原则要求企业的会计核算应当及时进行，不得提前或延后。在经济业务发生后，要及时取得或填制原始凭证，据以编制记账凭证、登记账簿，以保证会计信息的时效性。

4. 手续完备

填制原始凭证时，必须符合手续完备的要求，与经济业务有关的部门和人员要认真审核，签名盖章。

单位自制的原始凭证必须有经办单位领导人或者其他指定的人员签名盖章；对外开出的原始凭证必须加盖本单位公章；从外部取得的原始凭证，必须盖有填制单位的公章；从个人取得的原始凭证，必须有填制人员的签名盖章。

5. 书写清楚、规范

填制原始凭证时，必须字迹端正，填写整齐规范，易于辨认。

（1）填制原始凭证、记账凭证及登记会计账簿时应使用钢笔或碳素笔，用蓝黑墨水或碳素墨水；字迹要清楚、规范；填写支票必须使用碳素墨水；按规定需要使用红色字时，可以使用红墨水；复写红字时，要用红圆珠笔和红色双面复写纸。

（2）一式几联的原始凭证必须注明各联的用途，并且只能以其中一联作为记账凭证；一式几联的发票和收据必须用双面复写纸套写，或本身具备复写功能，并连续编号；作废时应在各联加盖"作废"戳记，连同存根一起保存，不得缺联、销毁。

（3）在记账凭证、会计账簿、会计报表和其他印有横格的会计资料中书写文字和数字时，一般应占格距的二分之一，不要写满格。

6. 金额数字填写规范

所有会计资料的金额填写均应小心谨慎，确保符合会计基础工作规范的要求。

（1）凡填写大写和小写金额的原始凭证，大、小写金额必须一致，大、小写金额不一致的原始凭证不能作为经济业务的合法证明，也不能作为有效的会计凭证。

（2）大写金额一律使用壹、贰、叁、肆、伍、陆、柒、捌、玖、零、拾、佰、仟、万、亿、元、角、分等，不得用0、一、二、三、四、五、六、七、八、九、十等字代替，不得任意自造简化字；大写金额前还应加注币值单位，注明"人民币"、"美元"等字样，且币值单位与金额数字之间以及金额数字之间不得留有空隙。

大写金额至分的，后面不加"整"字或"正"字，其余一律在末尾加"整"字或"正"字。如"￥808.00"，大写金额应写为"捌佰零捌元整"。

（3）合计的小写金额前应加注币值符号，如"￥"、"US$"等。币值符号与阿拉伯数字间不得留有空白，阿拉伯数字要逐个书写，不得连写；金额数字一律填写到角分，无角分的，写"00"或符号"—"；有角无分的，分位写"0"，不得用符号"—"代替。

（4）在印有位数线的凭证、报表上，每一个格只能写一个数字，不得几个数字挤在一个格里，也不得在数字中间留有空格。在没有位数线的会计凭证里填写数字时，上下位数要对齐。在会计凭证的合计栏数字前，或在只有一笔数字的前面应填写人民币符号"￥"。凡阿拉伯数字前写有币种符号的，数字后面不再写货币单位。

（5）阿拉伯数字金额中间有"0"时，汉字大写金额要写"零"字，如"￥108.60"，汉字大写金额应写成"人民币壹佰零捌元陆角整"。阿拉伯数字中间连续有几个"0"时，汉字大写金额中可以只写一个"零"字，如"￥1001.00"，汉字大写金额应写成"人民币壹仟零壹元整"。阿拉伯数字元位是"0"或数字中间连续有几个"0"，但角位不是"0"时，汉字大写金额可只写一个"零"字，也可不写"零"字，如"￥1350.56"，汉字大写金额应写成"人民币壹仟叁佰伍拾元零伍角陆分"或"人民币壹仟叁佰伍拾元伍角陆分"。

（6）填制印有金额栏而没有小写合计项的原始凭证，不论填写几笔金额，如有空行均应划斜线注销，注销线由金额栏填写的最后一行右下角划至最底一行的左下角。

7. 连续编号

各种原始凭证必须连续编号，以便查考。如果是已预先印定编号的原始凭证，在写坏作废时，应当加盖"作废"戳记，全部保存，不得撕毁。

8. 不得涂改

原始凭证所记载的各项内容均不得涂改，随意涂改的原始凭证即为无效凭证，不能作为填制记账凭证或登记会计账簿的依据。当原始凭证发生错误时，应区别不同情况进行处理，以防止舞弊行为的发生，保证原始凭证的质量。

（1）如记载内容有误，应由出具单位重开或更正，更正时必须在更正处加盖出具单位的印章。

（2）如凭证记载金额有误，不得更正，只能由凭证开具单位重新开具。

（3）对于重要的原始凭证，如支票以及各种结算凭证，一律不得涂改。

（4）对于预先印有编号的各种凭证，在填写错误后，要加盖"作废"戳记并单独保管。

6.2.4 任务深入：原始凭证的审核

原始凭证是直接记录经济业务的第一手资料，它对整个会计工作与会计信息质量具有决定性的作用。

因此，对各种填制完毕的原始凭证，不论是自制的还是外来的，都要按相关会计制度的规定进行严格审核，以确保会计资料真实、准确和完整，充分发挥会计的监督作用。只有经过审核无误的原始凭证才能作为记账凭证和登记账簿的依据。

具体来说，对于原始凭证的审核，主要应从真实性、正确性、完整性、合法性、及时性五方面进行审核，具体见表6-8所列。

原始凭证的审核内容　　　　　　　　　表6-8

真实性	审核原始凭证所反映的内容是否符合所发生的实际情况，包括：内容记载是否清晰；经济业务发生的时间、地点和填制的日期是否准确；经济业务的内容及其数量方面（实物数量、计量单位、单价、金额）是否与实际情况相符等。特别要注意的是：数字、文字有无伪造、涂改、重复使用和大头小尾、各联之间数字不符等情况 对于外来原始凭证，如发票等，还应审查凭证自身的真实性。例如，是否为税务局的统一发票，防止虚假发票；凭证所记载的经济业务是否真实发生；开出发票的单位是否存在等
正确性	审核原始凭证的各项计算及其相关部分是否正确。特别要注意经济业务内容摘要与数量、金额是否相对应；大、小写金额是否相符；对于收款或付款证明，还应注意审核其是否加盖了"收讫"或"付讫"戳记等
完整性	审核原始凭证的各项基本内容是否填写齐全，是否有漏填情况；有关签名或盖章是否齐全；凭证联次是否正确等。此外，还应注意，需经上级有关部门或领导批准的经济业务，审批手续是否按规定履行
合法性	审核原始凭证所记录的经济业务是否合法。包括：原始凭证所记载的内容是否符合国家法律、法规的规定；是否符合会计制度的要求；有无违法乱纪的行为；有无弄虚作假、营私舞弊、伪造涂改凭证的现象
及时性	原始凭证是否能及时填制是保证会计信息及时性的基础。审核时，应注意审查凭证的填制日期，尤其是银行汇票、银行本票等时效性较强的原始凭证，更应验证其签发日期

根据《会计法》规定："会计机构、会计人员必须按照国家统一的会计制度的规定对原始凭证进行审核，对不真实、不合法的原始凭证有权不予接受，并向单位负责人报告；对记载不准确、不完整的原始凭证予以退回，并要求按照国家统一会计制度的规定更正、补充。"具体来说，经过审核的原始凭证，应按不同情况进行处理，如图6-5所示。

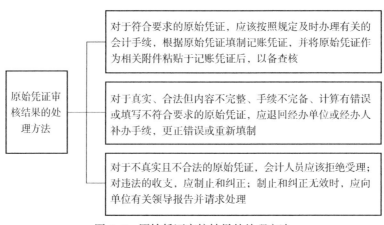

图6-5　原始凭证审核结果的处理方法

任务 6.3 如何填制与审核记账凭证

◆ 学习目标
1. 理解记账凭证的内容
2. 掌握记账凭证的填制方法和审核

◆ 重点难点
记账凭证的填制

6.3.1 记账凭证准备知识

记账凭证是由会计人员根据审核无误的原始凭证或原始凭证汇总表填制的，用来确定会计分录并据以登记账簿的凭证。

原始凭证是经济业务实际发生的证据，但由于原始凭证来自不同的单位，不但种类繁多而且数量庞大、格式各异，很难做到分类反映经济业务的内容。因此，在会计实务中是不能根据原始凭证直接登记账簿的，而是必须先根据原始凭证填制记账凭证，然后再根据记账凭证登记账簿。

专用记账凭证是专门用来记录某一类经济业务的。专用记账凭证按其记录的经济业务内容不同又可分为收款凭证、付款凭证和转账凭证三种。

通用记账凭证也称标准凭证，是指具有统一格式、各类经济业务能共同使用的记账凭证。它适合记录任何经济业务。在经济业务较简单的企业，为简化凭证，一般使用通用记账凭证。

采用不同的账务处理程序，记账凭证的格式也就不同；即使采用的是同一种账务处理程序，各个单位所使用的记账凭证也有可能不同。但无论是哪种格式的记账凭证，都要具备一些基本内容，这些基本内容即记账凭证的基本要素，如图 6-6 所示。

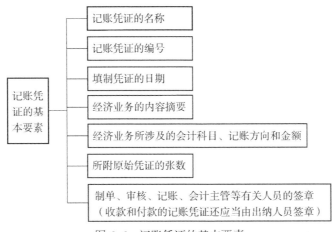

图 6-6 记账凭证的基本要素

下面按专用记账凭证中的收款凭证、付款凭证、转账凭证和通用记账凭证的顺序来进行任务引入。

6.3.2 任务引入：如何填制收款凭证

1. 填制收款凭证

收款凭证（表6-9）是专门用于登记现金和银行存款收入业务的，一般按现金和银行存款分别编制。其中，根据现金收入业务的原始凭证编制的收款凭证，称为"现金收款凭证"；根据银行存款收入业务的原始凭证编制的收款凭证，称为"银行存款收款凭证"。

收 款 凭 证　　　　　　　表6-9

年　月　日　　　　　　收字第　号
　　　　　　　　　　　　总字第　号

借方科目：

摘要	贷方科目		金额									记账
	总账科目	明细科目	千	百	十	万	千	百	十	元	角	分	
合计												

会计主管：　　　　记账：　　　　出纳：　　　　审核：　　　　制单：

附单据　张

收款凭证根据有关现金和银行存款收入业务的原始凭证填制，是登记现金日记账、银行存款日记账以及有关明细账和总账等账簿的依据，也是出纳人员收讫款项的依据。

【例6-3】2009年3月5日，华宇建筑公司职工李成因为过失被罚款300元，收到其交来的现金罚款。根据该项经济业务填制的现金收款凭证，见表6-10所列。

【例6-4】2009年3月6日，华宇建筑公司销售一批产品，开出的增值税发票上注明货款300000元，增值税销项税额51000元，款项已经收到。根据该项经济业务填制的银行存款收款凭证，见表6-11所列。

收 款 凭 证　　　　　　　　　　　　　　　表 6-10

2009 年 3 月 5 日　　　　　　　　　现　收字第 1 号
　　　　　　　　　　　　　　　　　　总　　字第 5 号

借方科目：库存现金

摘要	贷方科目		金额									记账
	总账科目	明细科目	千	百	十	万	千	百	十	元	角	分
罚款收入	营业外收入	罚款收入(李威)						3	0	0	0	0
	合计						¥	3	0	0	0	0

附单据 1 张

会计主管：李海玉　　记账：杨军　　出纳：姚红　　审核：汪志　　制单：董景华

收 款 凭 证　　　　　　　　　　　　　　　表 6-11

2009 年 3 月 6 日　　　　　　　　　银　收字第 1 号
　　　　　　　　　　　　　　　　　　总　　字第 7 号

借方科目：银行存款

摘要	贷方科目		金额									记账
	总账科目	明细科目	千	百	十	万	千	百	十	元	角	分
销售产品	主营业务收入				3	0	0	0	0	0	0	0
	应交税费	应交增值税(销项税额)				5	1	0	0	0	0	0
	合计			¥	3	5	1	0	0	0	0	0

附单据 2 张

会计主管：李海玉　　记账：杨军　　出纳：姚红　　审核：汪志　　制单：董景华

2. 收款凭证的填制方法总结

收款凭证的填制方法，如图 6-7 所示。

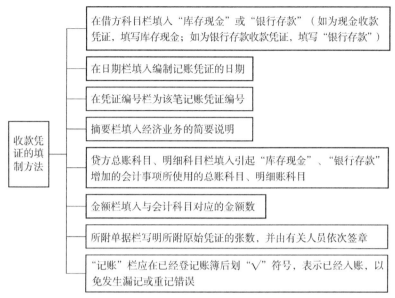

图 6-7 收款凭证的填制方法

6.3.3 任务引入：如何填制付款凭证

付款凭证（表 6-12）是专门用于登记现金和银行存款支出业务的记账凭证，一般也按现金和银行存款分别编制。其中，根据现金支出业务的原始凭证编制的

付 款 凭 证　　　　　　　　　　表 6-12

年　月　日　　　　付字第　号
　　　　　　　　　　总字第　号

贷方科目：

摘要	借方科目		金额										记账
	总账科目	明细科目	千	百	十	万	千	百	十	元	角	分	
合计													

会计主管：　　　记账：　　　出纳：　　　审核：　　　制单：

付款凭证，称为"现金付款凭证"；根据银行存款支出业务的原始凭证编制的付款凭证，称为"银行存款付款凭证"。

付款凭证根据有关现金和银行存款支付业务的原始凭证填制，是登记现金日记账、银行存款日记账以及有关明细账和总账等账簿的依据，也是出纳人员支付款项的依据。

付款凭证的格式及填制方法与收款凭证基本相同，只是将凭证的"借方科目"与"贷方科目"栏目交换位置。填制时，先填写"贷方科目"的"库存现金"或"银行存款"科目，再填写作为与付出现金或银行存款相对应的一级科目和二级科目。

注意：
对于现金和银行存款之间以及各种银行存款之间相互划转业务的，一般只填制一张付款凭证，以避免重复记账。
如从银行取出现金备用，根据该项经济业务的原始凭证，只填制一张银行存款付款凭证。记账时，根据该凭证同时记入"库存现金"和"银行存款"账户。

【**例 6–5**】2009 年 3 月 7 日，职工陈志强出差预借差旅费 5000 元，以现金支付。根据该项经济业务填制的现金付款凭证，见表 6–13 所列。

付 款 凭 证　　　　　　　　　表 6–13

2009 年 3 月 7 日　　现 付字第 1 号　　总　字第 9 号

贷方科目：库存现金

摘要	借方科目		金额									记账
	总账科目	明细科目	千	百	十	万	千	百	十	元	角	分	
出差借款	其他应收款	陈志强					5	0	0	0	0	0	
合计						¥	5	0	0	0	0	0	

附单据 1 张

会计主管：李海玉　　记账：杨军　　出纳：姚红　　审核：汪志　　制单：董景华

【**例6-6**】2009年3月9日，企业签发现金支票从银行提取现金10000元备用。根据该项经济业务填制的银行存款付款凭证，见表6-14所列。

表6-14

付 款 凭 证

2009年3月9日

银 付字第1号
总　　字第11号

贷方科目：银行存款

摘要	借方科目		金额									记账
	总账科目	明细科目	千	百	十	万	千	百	十	元	角	分	
提现备用	库存现金				1	0	0	0	0	0	0		
合计				￥	1	0	0	0	0	0	0		

附单据1张

会计主管：李海玉　　记账：杨军　　出纳：姚红　　审核：汪志　　制单：董景华

6.3.4 任务引入：如何填制转账凭证

转账凭证（表6-15）是专门用于登记现金和银行存款收付业务以外的业务（即在经济业务发生时不需要收付现金和银行存款的各项业务）的记账凭证。

转 账 凭 证

表6-15

年 月 日

转字第　号
总字第　号

摘要	会计科目	二级或明细科目	借方金额										贷方金额										记账
			千	百	十	万	千	百	十	元	角	分	千	百	十	万	千	百	十	元	角	分	
合计																							

附单据　张

会计主管：　　记账：　　出纳：　　审核：　　制单：

转账凭证根据有关转账业务的原始凭证填制，是登记有关明细账和总账等账簿的依据。

转账凭证是根据不涉及现金和银行存款的转账业务的原始凭证填制的。转账凭证的格式与收、付款凭证的格式的不同之处在于，凭证左上角不设主体科目（或称设证科目），而将经济业务的对应科目按先借后贷的顺序全部填入"总账科目"和"明细科目"栏目，并通过将各科目金额按记账方向填入相应的"借方金额"或"贷方金额"来确定科目间的对应关系。

在填制转账凭证时，应将经济业务中所涉及的全部会计科目，按照先借后贷的顺序记入"会计科目"栏中的"会计科目"和"明细科目"，并按应借、应贷方向分别记入"借方金额"或"贷方金额"栏。其他项目的填列与收、付款凭证相同。

【**例6-7**】2009年3月10日，华宇建筑公司从乙公司购入材料一批，同时取得乙公司开出的增值税专用发票，其上注明价款100000元，增值税进项税额17000元，材料已验收入库，货款尚未支付。根据该项经济业务填制的转账凭证，见表6-16所列。

转 账 凭 证　　　　　　表6-16

2009年3月10日　　　　　转字第3号　总字第13号

摘要	会计科目	二级或明细科目	借方金额 千百十万千百十元角分	贷方金额 千百十万千百十元角分	记账
购买材料	原材料		1 0 0 0 0 0 0 0		附单据2张
	应交税费	应交增值税（进项税额）	1 7 0 0 0 0 0		
	应付账款	乙公司		1 1 7 0 0 0 0 0	
	合计		¥ 1 1 7 0 0 0 0 0	¥ 1 1 7 0 0 0 0 0	

会计主管：李海玉　　记账：杨军　　出纳：姚红　　审核：汪志　　制单：董景华

6.3.5 任务引入：如何填制通用记账凭证

通用记账凭证也称标准凭证，是指具有统一格式、各类经济业务能共同使用的记账凭证（表6-17）。它适合记录任何经济业务。在经济业务较简单的企业，为简化凭证，一般使用通用记账凭证。

记 账 凭 证　　　　　　　　表 6-17
年 月 日　　　　　　　　　　字第　号

摘要	会计科目	二级或明细科目	借方金额										贷方金额										记账
			千	百	十	万	千	百	十	元	角	分	千	百	十	万	千	百	十	元	角	分	
	合计																						

附单据　张

会计主管：　　　记账：　　　出纳：　　　审核：　　　制单：

通用记账凭证的填制方法与转账凭证的填制方法基本相同。所不同的是，在凭证编号上，采用按照发生经济业务的先后顺序编号的方法。一笔经济业务涉及两张以上记账凭证时，可以采用分数编号法。

【例6-3】~【例6-7】所述有关收款、付款和转账的业务都可以采用通用记账凭证填制，具体见表6-18~表6-22所列。

记 账 凭 证　　　　　　　　表 6-18
2009 年 3 月 5 日　　　　　　字第 5 号

摘要	会计科目	二级或明细科目	借方金额										贷方金额										记账
			千	百	十	万	千	百	十	元	角	分	千	百	十	万	千	百	十	元	角	分	
罚款收入	库存现金							3	0	0	0	0											
	营业外收入	罚款收入（李威）																	3	0	0	0	0	
	合计						¥	3	0	0	0	0						¥	3	0	0	0	0	

附单据 1 张

会计主管：李海玉　　记账：杨军　　出纳：姚红　　审核：汪志　　制单：董景华

记 账 凭 证 表 6-19

2009 年 3 月 6 日 字第 7 号

摘要	会计科目	二级或明细科目	借方金额 千百十万千百十元角分	贷方金额 千百十万千百十元角分	记账
销售产品	银行存款		3 5 1 0 0 0 0 0		
	主营业务收入			3 0 0 0 0 0 0 0	
	应交税费	应交增值税（销项税额）		5 1 0 0 0 0 0	
	合计		¥ 3 5 1 0 0 0 0 0	¥ 3 5 1 0 0 0 0 0	

附单据 2 张

会计主管：李海玉　　记账：杨军　　出纳：姚红　　审核：汪志　　制单：董景华

记 账 凭 证 表 6-20

2009 年 3 月 7 日 字第 9 号

摘要	会计科目	二级或明细科目	借方金额 千百十万千百十元角分	贷方金额 千百十万千百十元角分	记账
出差借款	其他应收款	陈志强	5 0 0 0 0 0		
	库存现金			5 0 0 0 0 0	
	合计		¥ 5 0 0 0 0 0	¥ 5 0 0 0 0 0	

附单据 1 张

会计主管：李海玉　　记账：杨军　　出纳：姚红　　审核：汪志　　制单：董景华

记 账 凭 证　　　　　　表 6-21

2009 年 3 月 9 日　　　　　　字第 11 号

摘要	会计科目	二级或明细科目	借方金额 千 百 十 万 千 百 十 元 角 分	贷方金额 千 百 十 万 千 百 十 元 角 分	记账
提现备用	库存现金		1 0 0 0 0 0 0		
	银行存款			1 0 0 0 0 0 0	
	合计		¥ 　　1 0 0 0 0 0 0	¥ 　　1 0 0 0 0 0 0	

附单据 1 张

会计主管：李海玉　　记账：杨军　　出纳：姚红　　审核：汪志　　制单：董景华

记 账 凭 证　　　　　　表 6-22

2009 年 3 月 10 日　　　　　　字第 13 号

摘要	会计科目	二级或明细科目	借方金额 千 百 十 万 千 百 十 元 角 分	贷方金额 千 百 十 万 千 百 十 元 角 分	记账
购买材料	原材料		1 0 0 0 0 0 0 0		
	应交税费	应交增值税（进项税额）	1 7 0 0 0 0 0		
	应付账款	乙公司		1 1 7 0 0 0 0 0	
	合计		¥ 　1 1 7 0 0 0 0 0	¥ 　1 1 7 0 0 0 0 0	

附单据 2 张

会计主管：李海玉　　记账：杨军　　出纳：姚红　　审核：汪志　　制单：董景华

6.3.6　任务深入：记账凭证的填制要求

为了保证会计信息的质量，会计人员在填制记账凭证时，除了严格做到上述填制原始凭证的相关要求外，还必须注意以下几点。

1. 填制依据

填制记账凭证必须以审核无误的原始凭证或汇总原始凭证为依据。填制记账凭证时，可以根据每一份原始凭证单独填制，也可以根据同类经济业务的多份原始凭证汇总填制，还可以根据汇总的原始凭证来填制，但不得将不同内容和类别的原始凭证汇总填制在一张记账凭证上。

2. 编制日期

填制记账凭证的日期应以财会部门受理会计事项的日期为准，年、月、日应写全；收付款业务要登入当天的日记账；记账凭证中的收款凭证与付款凭证的日期应该是货币资金收付的日期（可以与原始凭证的日期不一致）；转账凭证以会计部门收到原始凭证的日期作为记账凭证的日期，但在摘要栏需注明经济业务发生的实际日期。

注意：
　　在月末时，有些转账业务要等到下月初方可填制转账凭证，也按月末的日期填写。比如按照权责发生制原则计算收益、分配费用、结转成本利润等调整分录和结账分录的记账凭证，虽然需要到下月才能编制，仍应填写当月月末的日期，以便在当月的账内进行登记。

3. 连续编号

填制记账凭证时，必须对记账凭证进行连续编号，不得漏号、重号、错号。记账凭证必须按月编号，每月编号一次，即从每月一号编起，顺序编至月末。记账凭证的编号，要根据不同情况采用不同的方法。

（1）采用通用记账凭证的，应按经济业务发生的日期顺序统一编号，以本月第一笔业务填制第1号凭证起，至本月最后一笔业务填制第×号凭证为止。

（2）采用专用记账凭证（收款凭证、付款凭证和转账凭证）的，可以采用"字号编号法"，即按凭证类别顺序编号（如收字第×号、付字第×号、转字第×号），或者按现金收入、现金支出、银行存款收入、银行存款支出及转账分类进行编号（如现收第×号、现付第×号、银收第×号、银付第×号、转字第×号）；也可采用"双重编号法"，即按总字顺序编号与按类别编号相结合（如某付款凭证为"总字第×号，付字第×号"等）。

（3）若一笔经济业务需要填制两张或两张以上记账凭证时，可采用分数编号法。如第9号凭证涉及的业务需编制三张记账凭证，这三张凭证编号分别为$9\frac{1}{3}$号、$9\frac{2}{3}$号、$9\frac{3}{3}$号，其中9表示业务顺序号，分母3表示该业务顺序号的凭证共有三张，分子1（2、3）表示三张中的第1（2、3）张。

4. 摘要精练

记账凭证摘要一方面是对经济业务的简要说明，另一方面也是登记账簿的重要依据。因此，记账凭证的摘要必须针对不同性质的经济业务的特点，考虑到登记账簿的需要，简明扼要地正确填写，让人一目了然。

摘要应与原始凭证内容一致，能正确反映经济业务的主要内容，表述简短精练；应能使阅读者通过摘要了解该项经济业务的性质、特征，判断出会计分录的正确与否，而不必再去翻阅原始凭证或询问有关人员。

5. 科目正确

记账凭证的会计科目名称及金额的填写要准确完整。会计人员应根据发生的经济业务，选择正确的会计科目编制会计分录。会计科目的使用，应符合国家统一会计制度的规定，不得随意改变会计科目的名称和核算内容，不得只写科目编号，不写科目名称，同时要写明记账方向，以便于登账。

填制记账凭证时应填明一级科目名称，设有二级科目或明细科目时，也应填写清楚。一行只能填一个会计科目，借方或贷方金额应与对应的科目在同一行。

6. 金额无误

记账凭证的金额数字填写必须正确无误，并且符合数字书写规定，角分位不留空白。合计金额的第一位数字前要注明人民币符号（￥）。

7. 附件完整

为了证明记账凭证的真实性、合法性，同时也为便于查核，应将原始凭证附在有关的记账凭证后面，作为它的附件，并在记账凭证上注明附件的张数。

所附原始凭证的张数一般以原始凭证的自然张数为准。凡是与记账凭证的经济业务记录有关的每张证据，都应作为原始凭证的附件计数。如果记账凭证中附有原始凭证汇总表，也应记入附件张数之内。结账和更正错账的记账凭证可以不附原始凭证。

注意：

如果一张原始凭证涉及几张记账凭证，可以把原始凭证附在一张主要的记账凭证后面，在未附原始凭证的记账凭证上注明"附件××张，见第××号记账凭证"或附原始凭证复印件，便于复核与日后查阅。如果原始凭证需要另行保管时，则应在附件栏目内加以注明。

如果一张原始凭证所列支出需要由几个单位共同负担，应由保存原始凭证的单位开出"原始凭证分割单"。这种分割单除必须具备原始凭证的基本内容外，还应逐个列明支出分摊情况。

8. 划线注销

记账凭证填制完经济业务事项后，如有空行，应当在金额栏自最后一笔金额数字下的空行处起至合计数上的空行处止划线注销。

在实务中，如果合计金额栏的金额前填列了"￥"符号，通常就不用划销未用金额栏。

9. 签名盖章

记账凭证填写后，应进行复核和检查，有关人员均要签名或盖章。出纳人员根据收、付款凭证收入款项或付出款项时，应在凭证上加盖"收讫"或"付讫"戳记，以免重收、重付，出现差错。

10. 会计电算化

实现会计电算化的单位，其机制记账凭证应当符合对记账凭证的一般要求，并应认真审核，做到会计科目使用正确、数字正确无误。打印出来的机制记账凭证上应加盖制单人员、审核人员、记账人员和会计主管人员印章或者签字，以明确责任。

6.3.7 任务深入：记账凭证的审核

记账凭证是登记账簿的直接依据，收款、付款凭证也是出纳人员收付款项的依据，为了保证账簿记录的正确性，必须在记账前对记账凭证进行审核。

记账凭证的审核一般应包括以下几个方面的内容，如图6-8所示。

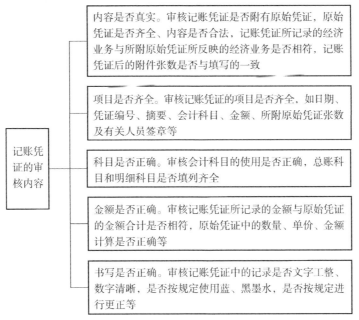

图6-8 记账凭证的审核内容

在审核过程中，如果发现差错，应查明原因，按规定办法及时处理和更正。只有经过审核无误的记账凭证，才能据以登记账簿。根据财政部《会计基础工作规范》的相关规定，记账凭证发生差错时，应当按图6-9中的要求处理。

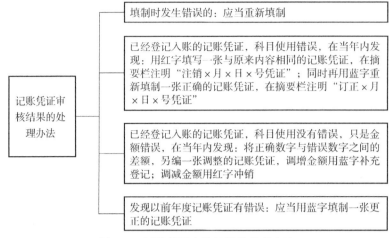

图 6-9　记账凭证审核结果的处理办法

任务 6.4　如何传递与保管会计凭证

◆ 学习目标
了解传递与保管会计凭证的一般知识

会计凭证是重要的会计资料，应严格按照规定的程序和方法传递和保管。科学合理地组织会计凭证的传递，做好会计凭证的保管工作，是及时进行各项会计核算，为有关各方提供真实、准确的会计信息资料的保证。同时，对于强化内部会计监督机制、加强岗位责任制也具有重要意义。

6.4.1　会计凭证的传递

会计凭证的传递是指会计凭证从填制到归档保管整个过程中，在单位内部各个有关部门和经办人员之间的传递程序与传递时间。会计凭证传递是会计制度一个重要的组成部分，应该在企业的内部会计制度中进行明确的规定。

不同的会计凭证记载的经济业务也不同。因此，应当为各种会计凭证规定一个合理的传递程序，即一张会计凭证填制后应交到哪个部门、哪个岗位，由谁接办业务手续，应在多长时间内办理完毕等。如果是一式数联的凭证，还应规定每一联传到哪几个部门、什么用途等。这样，既能够及时、真实地反映监督各项经济业务的发生和完成情况，为经济管理提供可靠的经济信息，又便于有关部门和个人分工协作，相互牵制，加强岗位责任制，实行会计监督。

科学的传递程序，应该使会计凭证沿着最快捷、最合理的流向运行。因此，在制定会计凭证传递程序时，应该着重考虑以下几点：

（1）要根据经济业务的特点、企业内部机构的设置和人员分工情况以及经营管理上的需要，恰当地规定各种会计凭证的联数与所必须流经的环节。注意既要使有关部门与经办人员能够利用会计凭证基本了解企业的经济业务，并按照规定程序进行处理和审核，又要避免会计凭证流向不必要的环节，影响传递速度。

（2）要根据有关部门与经办人员对经济业务办理必要手续的需要，确定会计凭证在各个环节停留的时间，保证经济业务手续的完成。但同时又要防止在各个流经环节过多地、不必要地耽搁。唯有如此，才能够使会计凭证以最快、最合理的速度进行传递。

（3）建立严格的会计凭证交接和签收制度。为了保证会计凭证的安全与完整，在各个环节中都应该指定专门的人员办理交接手续，做到责任明确，手续齐全、严密。

6.4.2 会计凭证的保管

会计凭证的保管是指会计凭证登账后的整理、装订与归档存查等。会计凭证是登记账簿的依据，是重要的经济档案与历史资料，本企业及有关部门、单位日后很有可能会因为各种需要查阅会计凭证，特别是当发生贪污、盗窃、违法违纪行为时，会计凭证就是依法处理的有效证据。因此，任何单位都必须妥善保管会计凭证，不得丢失或任意销毁。

1. 凭证的整理

会计凭证登记完毕后，应将记账凭证连同所附的原始凭证或者原始凭证汇总表，按照编号顺序折叠整齐，准备装订。

在装订之前，会计凭证必须进行适当的整理，以便于装订。会计凭证的整理工作主要是对凭证进行排序、粘贴和折叠。实务中，原始凭证种类众多，并且没有一个固定的格式，甚至大小不一。在整理时，应先将收到的原始凭证按照记账凭证的大小进行折叠粘贴。

2. 凭证的装订

凭证装订是指将整理完毕的会计凭证加上封面和封底，装订成册，并在装订线上加贴封签的一系列工作。

会计凭证的装订范围，包括原始凭证、记账凭证、科目汇总表、银行对账单等。装订成册的会计凭证必须加盖封面（图6-10）。封面上应注明单位名称、年度、

```
单位名称：
日    期：    年  月份
册    数：本月共    册，本册是第    册
号    码：本册自字第    号至第    号共    张
附    记：
```

图6-10 记账凭证封面格式

月份和起讫日期、凭证种类及起讫号码，并由装订人在装订线封签外签名或者盖章。为了防止任意拆装，应在装订线上加贴封签，并在封签处骑缝加盖会计主管的签章。

3. 凭证的保管

装订成册的会计凭证应按年、月顺序排列，指定专人保管，但出纳不得兼管会计档案。年度终了后，可暂由财会部门保管一年，期满后，编造清册移交本单位的档案部门保管。

查阅会计凭证时，必须办理查阅手续，并经过本单位会计主管批准后方可调档、借阅。调阅时，应填写"会计档案调阅表"，详细填写调阅会计凭证的名称、调阅日期、调阅人姓名、调阅理由、调阅批准人。

原始凭证不得外借，其他单位如因特殊原因需要使用原始凭证时，经本单位会计机构负责人、会计主管人员批准后方可复制，避免抽出原凭证。向外单位提供的原始凭证复制件应当专设登记簿登记，说明所复制的会计凭证名称、张数，并由提供人员和收取人员共同签名或者盖章。

注意：
　　会计凭证的保管期限和销毁方法，必须严格按照国家会计法规、会计制度的有关规定执行。根据规定，会计凭证存档后的保管期限一般为15年，但最短不能少于5年，涉及外事和其他重要的会计凭证要永久保管。

保管期满需要销毁时，必须开列清单，提出销毁意见，经本单位领导批准，按照有关规定办理手续后，才能由档案部门和会计部门共同监销。销毁前对销毁的会计资料应认真清点核对。销毁后，相关人员应在销毁清册上签名盖章，以示负责。

想一想

1. 什么是会计凭证？按照填制的程序和用途，分为哪两种？
2. 原始凭证包括哪些基本内容？它的填制要求是什么？
3. 收款凭证、付款凭证和转账凭证的用途各是什么？当现金转入银行存款时用什么凭证？为什么？
4. 记账凭证的填制要求有哪些？

做一做

☆单项选择题

1.（　　）是记录经济业务事项发生或完成情况的书面证明，也是登记账簿

的依据。

  A. 原始凭证   B. 会计凭证

  C. 原始凭证汇总表   D. 记账凭证

2. 下列选项中属于原始凭证的是（   ）。

  A. 支票存根   B. 收款凭证

  C. 购销合同   D. 银行对账单

3. （   ）是反映经济活动的原始资料，也是会计核算的基本依据。

  A. 记账凭证   B. 发票

  C. 通用记账凭证   D. 原始凭证

4. 下列选项中不属于外来原始凭证的是（   ）。

  A. 购买货物时取得的普通发票或增值税专用发票

  B. 银行转来的各种结算凭证

  C. 职工出差取得的车票

  D. 折旧计算表

5. 下列选项中不属于一次凭证的是（   ）。

  A. 收据单   B. 限额领料单

  C. 购货发票   D. 借款单

6. 下列选项中属于汇总凭证的是（   ）。

  A. 购货发票   B. 收款凭证

  C. 限额领料单   D. 差旅费报销单

7. 下列说法中不正确的是（   ）。

  A. 填制记账凭证的日期一般应为制作凭证当日

  B. 记账凭证的填制日期与原始凭证的填制日期相同

  C. 记账凭证的填制一般稍后于原始凭证的填制

  D. 记账凭证编号便于记账凭证与会计账簿之间的核对，有利于记账凭证的完整

8. 凡涉及现金或银行存款增加的业务（现金和银行收款之间划转业务除外），都必须填制（   ）记账凭证。

  A. 付款   B. 收款   C. 转账   D. 银行结算单

9. 企业购进材料 10000 元，款未付。该笔业务应编制的记账凭证是（   ）。

  A. 转账凭证   B. 付款凭证

  C. 收款凭证   D. 以上均可

10. 下列经济业务，应该填制现金收款凭证的是（   ）。

  A. 从银行提取现金

  B. 以现金发放职工工资

  C. 销售材料收到一张转账支票

  D. 出售产品收到现金

11. 记账凭证是由（   ）编制的。

A. 出纳人员 B. 会计人员
C. 经办人员 D. 经办单位

12. 企业从银行提取现金准备发放员工工资，应根据有关原始凭证填制的凭证是（　　）。

A. 收款凭证 B. 付款凭证
C. 转账凭证 D. 收款和付款凭证

13. 下列选项中不属于原始凭证的是（　　）。

A. 转账凭证 B. 差旅费报销单
C. 支票存根 D. 银行进账单

14. 下列选项中属于记账凭证的是（　　）。

A. 银行对账单 B. 银行进账单
C. 付款凭证 D. 费用支出汇总表

15. 会计凭证按其（　　）不同，可以分为原始凭证和记账凭证两类。

A. 格式 B. 填制方式
C. 取得来源 D. 填制的程序和用途

☆ **多项选择题**

1. 会计凭证按照编制的程序和用途不同，分为（　　）。

A. 原始凭证 B. 记账凭证
C. 单式凭证 D. 复式凭证

2. 原始凭证按照来源不同，可分为（　　）。

A. 一次凭证 B. 外来原始凭证
C. 自制原始凭证 D. 专用凭证

3. 下列说法中正确的有（　　）。

A. 小写金额用阿拉伯数字逐个书写，不得写连笔字
B. 在金额前要填写人民币符号"￥"，人民币符号"￥"与阿拉伯数字之间不得留有空白
C. 金额数字一律填写到角、分，无角、分的，写"00"或符号"—"；有角无分的，分位写"0"，不得用符号"—"
D. 小写金额为￥1008.00，大写金额应写成"壹仟零捌元整"

4. 下列说法中正确的有（　　）。

A. 如果原始凭证已预先印定编号，在写坏作废时，应加盖"作废"戳记
B. 原始凭证有错误的，应当由出具单位重开或更正
C. 原始凭证金额有错误的，应当由出具单位重开
D. 原始凭证金额有错误的，应当在原始凭证上更正

5. 原始凭证的审核内容主要包括（　　）。

A. 真实性 B. 合法性 C. 合理性 D. 可比性

6. 记账凭证按内容可分为（　　）。

A. 收款凭证 B. 付款凭证 C. 转账凭证 D. 复式凭证

7. 下列叙述中正确的有（　　）。

A. 记账凭证可以根据每一张原始凭证填制，或根据若干张同类原始凭证汇总编制，也可以根据原始凭证汇总表填制

B. 不得将不同内容和类别的原始凭证汇总填制在一张记账凭证上

C. 除结账和更正错误的记账凭证可以不附原始凭证外，其他记账凭证必须附有原始凭证

D. 记账凭证填制完经济业务事项后，如有空行，应当自金额栏最后一笔金额数字下的空行处至合计数上的空行处划线注销

8. 原始凭证应具备的基本内容有（　　）。

A. 原始凭证名称

B. 填制原始凭证的日期

C. 接受原始凭证的单位名称

D. 经济业务内容（含数量、单价、金额等）

9. 记账凭证应具备的基本内容有（　　）。

A. 填制记账凭证的日期

B. 经济业务事项的内容摘要

C. 所涉及的会计科目及其记账方向

D. 记账标记

10. 下列经济业务中，应填制付款凭证的是（　　）。

A. 提现金备用　　　　　　　B. 购买材料预付定金

C. 购买材料未付款　　　　　D. 以存款支付前欠某单位账款

11. 下列经济业务中，应填制转账凭证的是（　　）。

A. 国家以厂房对企业投资　　B. 销售商品收到商业汇票一张

C. 购买材料未付款　　　　　D. 外商以货币资金对企业投资

12. 原始凭证的填制要求包括（　　）。

A. 记录要真实　　　　　　　B. 内容要完整

C. 手续要完备　　　　　　　D. 不得涂改、刮擦、挖补

☆**判断题**

1. 自制原始凭证指由本单位内部经办业务的部门和人员，在执行或完成某项经济业务时填制的、仅供本单位内部使用的原始凭证。（　　）

2. 汇总原始凭证指对一定时期内反映经济业务内容相同的若干张原始凭证，按照一定标准综合填制的原始凭证。（　　）

3. 原始凭证要按规定填写。大写金额前未印有"人民币"字样的，应加写"人民币"三个字，"人民币"字样和大写金额之间不得留有空白。（　　）

4. 对于涉及"现金"和"银行存款"之间的经济业务，一般只编制付款凭证，不编制收款凭证。（　　）

5. 从外单位取得的原始凭证遗失时，一般应取得原签发单位盖有公章的证明，并注明原始凭证的号码、金额、内容等，由经办单位会计机构负责人、会计主管

人员和单位负责人批准后,才能代作原始凭证。( )

6. 原始凭证由经办人员填制,而记账凭证由会计人员填制。( )

7. 凡涉及现金或银行存款增加的业务(现金和银行收款之间划转业务除外),都必须填制收款凭证。( )

8. 凡涉及现金或银行存款减少的业务,都必须填制付款凭证。( )

9. 凡不涉及现金或银行存款增减变化的业务事项,应填制转账凭证。( )

任务 7

登记会计账簿

任务 7.1 会计账簿准备知识

◆ 学习目标
1. 了解账簿的概念和种类
2. 了解账簿的基本内容
3. 了解账簿的设置要求
◆ 重点难点
账簿的基本内容

通过填制和审核会计凭证,可以记录和反映每日发生的经济业务。但是,由于会计凭证数量众多、资料分散,并且每张凭证只能各自记载个别经济业务,因此其所提供的会计信息是不全面的。

为了全面、系统地反映和监督某一单位在一定时期内的经济活动和财务收支情况,便于日后查阅和使用,需要把会计凭证所记载的大量分散的资料加以分类、整理。在会计实务中,这一任务是通过设置和登记会计账簿来实现的。

7.1.1 预备知识:什么是账簿

会计账簿简称账簿,是指由具有专门格式的账页组成,以会计凭证为依据,全面、系统、连续地记录各项经济业务的簿册。

账簿与账户的联系

（1）账户是根据会计科目开设的，账户存在于账簿之中，账簿中的每一账页就是账户的存在形式和载体，没有账簿，账户就无法存在。

（2）账簿只是一个外在形式，账户才是它的真实内容。账簿序时、分类地记载经济业务，是在个别账户中完成的。换句话说，账簿是由若干账页组成的一个整体，而账簿与账户的关系是形式与内容的关系。

设置和登记会计账簿是会计核算的中心环节，账簿记录是编制会计报表的依据。科学地设置和正确地登记账簿对保证会计报表的正确性和编制报表工作的及时性，以及对加强经济管理、充分发挥会计在经济管理中的作用有着十分重要的意义，如图 7-1 所示。

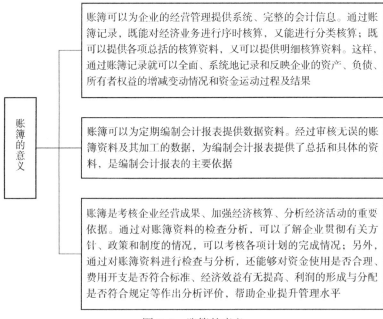

图 7-1　账簿的意义

7.1.2　任务深入：认识账簿的分类

会计核算中使用的账簿是多种多样的，为了更好地了解、掌握和运用各种账簿，

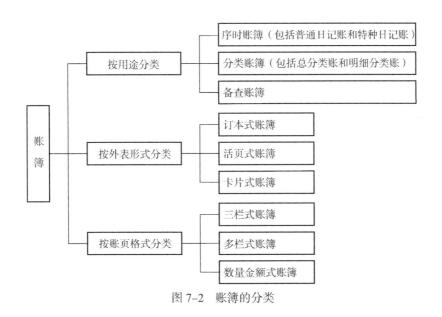

图 7-2 账簿的分类

有必要对账簿进行适当的分类，如图 7-2 所示。

1. 按用途分类

账簿按用途不同可以分为序时账簿、分类账簿和备查账簿。账簿的用途是指账簿用来登记什么经济业务以及具体的登记方法。

（1）序时账簿

序时账簿也称"日记账"，是按经济业务发生时间的先后顺序，逐日逐笔登记经济业务的账簿。序时账簿可以用来核算和监督某一类经济业务或全部经济业务的发生或完成情况。实务中，它是按照会计部门收到凭证的先后顺序，即按照凭证号码的先后顺序进行登记的。

序时账簿按照其记录的内容，又可以分为普通日记账和特种日记账。

1）普通日记账也叫"通用日记账"、"分录日记账"，是用来记录全部业务的。普通日记账是根据原始凭证逐笔登记的，按照每日发生的经济业务的先后顺序，逐项填制会计分录。

2）特种日记账是专门用来记录某一类型经济业务的，如记录现金收付业务及其结存情况的现金日记账，记录银行存款收付业务及其结存情况的银行存款日记账。

在我国，一般只使用特种日记账。其中，现金日记账和银行存款日记账是企业必须设置的账簿。

（2）分类账簿

分类账簿也称"分类账"，是对全部经济业务按照不同账户进行分类登记的账簿。分类账簿可以分别反映和监督企业各项资产、负债、所有者权益、收入、费用和利润的增减变动情况及其结果。

按其反映经济业务内容详细程度的不同，分类账簿可分为总分类账簿（简称总账）和明细分类账簿（简称明细账）。

1）总分类账簿简称"总账"，是根据财政部统一设置的总分类科目开设的，用来分类登记全部经济业务，提供总括的会计信息，反映和监督各项资产、负债、所有者权益、收入、费用、利润等核算资料的账簿。

2）明细分类账簿简称"明细账"，是根据需要按某个总账科目所属明细科目开设的，用来分类登记某些经济业务，借以提供某些明细核算资料的账簿。

总分类账与明细分类账的关系：
总分类账和明细分类账二者相辅相成、互为补充。
（1）明细分类账是对总分类账的补充和进一步说明，并受总分类账的统驭和控制。
（2）总分类账某个项目的总额和与其有关的明细账的金额之和应相等。

在会计核算中，分类账簿是会计账簿的主体，是必须设置的主要账簿，它所提供的核算资料是编制会计报表的主要依据。其中，明细分类账是隶属于某个总分类账的，实际工作中某些总分类账户下可以不设置明细分类账，但是明细分类账不能没有隶属的总分类账。

（3）备查账簿

备查账簿也称"备查簿"、"备查登记簿"或"辅助账簿"，是对序时账簿与分类账簿未能够记载的或记载不全的经济业务进行补充登记以备检查的账簿。实务中，备查账簿主要用于对某些经济业务提供必要的参考资料，如"受托加工材料登记簿"、"代销商品登记簿"等。

设置和登记备查账簿，可以对某些经济业务的内容提供必要的参考资料。但是，备查账簿并不一定非得设置，企业可以根据自身的需要来设置。

备查账簿一般没有固定格式，主要以文字叙述的方式记录有关事项，它只是对账簿记录的一种补充，与日记账和分类账不存在严密的依存、勾稽关系。
所以，备查账簿的登记依据可能不需要记账凭证，甚至不需要一般意义上的原始凭证。

2. 按外表形式分类

账簿按其外表形式的不同可分为订本式账簿、活页式账簿和卡片式账簿。账簿的外表形式是指构成账簿的账页是固定装订成册的，还是采用散页（即不加以固定）的方式。

（1）订本式账簿

订本式账簿简称"订本账"，是指在启用之前就把编有序号的若干账页固定装订成册的账簿。

订本式账簿的优点是账页数量及位置固定，能避免账页散失和防止随意抽换账页，因此更能够保证账簿记录的真实性。

订本式账簿的缺点是由于账页页数固定，不能准确地为各账户预留账页。如果预留太多，会造成浪费；预留太少，又会影响连续记录。此外，在同一时间内，同一本账簿只能由一人登记，不便于记账人员的分工。

因此，订本式账簿一般适用于具有统驭性、重要性，只应该由一个会计人员登记的账簿。实务中，总账、现金日记账和银行存款日记账一般都采用订本账。

（2）活页式账簿

活页式账簿简称"活页账"，是在启用之前不存在固定编号，在使用过程中将各张账页置放在活页夹内或临时拴扎成册的账簿。

活页式账簿可以根据实际需要增添账页，便于序时和分类连续登记，避免账页浪费，便于分工记账，比较灵活。但是，活页式账簿的账页很容易被散失或抽换，因此在使用活页式账簿时，也要按规定顺序编号，并应该定期装订成册或封扎保管，以防止发生舞弊行为。活页式账簿一般适合于各类明细分类账。

（3）卡片式账簿

卡片式账簿又称"卡片账"，是用卡片作为账页存放在专门的卡片箱中，账页可以根据需要随时增添的账簿。

卡片账实际上也是一种活页账，灵活方便，可以使记录的内容详细具体，可以跨年度使用而无需更换账页，也便于分类汇总和根据经营管理上的需要转移卡片。但是，这种账簿的账页容易散失或被抽换，因此在使用卡片账时，应在卡片上进行连续编号，并加盖有关人员的印章；卡片箱应由专人负责保管，以保证安全。

卡片式账簿一般适合于账页需要随财产物资使用或存放地点的转移而重新排列的明细账。在我国，一般只对固定资产的核算采用卡片账形式（表7-1），因为固定资产在长期使用中其实物形态不变，又可能经常转移使用部门，设置卡片账便于随同实物转移。有些企业在材料和低值易耗品的核算中也使用卡片账。

固定资产卡片 表 7-1

归口部门：_____
卡片编号：_____
固定资产：_____
类　　别：_____

	固定资产来源				固定资产编号			
	制造厂名				固定资产名称			
	出厂日期				型号规格特征			
	购建拨交日期				计量单位			
	安装地点				原值(或重置完全价)		￥	
	附属设备				其中：安装费		￥	
名称规格	数量	单位	金额	原值变动记录				
				日期	凭证	摘要	增或减金额	变动后金额

本卡片一式三份、由企业财会归口管理，使用部门各设一份。

核定折旧率	估计清理残值				月折旧率	月折旧额	年折旧率	年折旧额	月大修理提存率
	预计清理费用								
	开始使用日期		已使用年限						
	全部使用年限		尚可使用年限						

	内部转移记录		不提折旧的月份记录						
日期	转出部门	转入部门	年月	年月	年月	年月	年月	年月	年月

大修理记录							
		调拨、报废、清理记录					
		日期	资产原值	累计折旧准备	清理费用	变价收入	保险赔款	清理金额
停用封存记录							

3. 按账页格式分类

账簿按账页格式不同可分为三栏式账簿、多栏式账簿和数量金额式账簿。

（1）三栏式账簿

三栏式账簿是设有借方、贷方和余额三个基本栏目，分别用于反映资金的增加、减少和结余情况的账簿（表7-2）。三栏式账簿适用于只需要进行金额核算的经济业务。各种日记账、总分类账以及资本、债权、债务明细账都可以采用三栏式账簿。

明 细 分 类 账　　　　　　　　　　表7-2

总账科目：_____
明细科目：_____

总第___页
分第___页

年		凭证号数	摘要	借方										贷方										借或贷	余额										核对
月	日			千	百	十	万	千	百	十	元	角	分	千	百	十	万	千	百	十	元	角	分		千	百	十	万	千	百	十	元	角	分	

（2）多栏式账簿

多栏式账簿是指采用一个借方栏目、多个贷方栏目或一个贷方栏目、多个借方栏目的账簿，如多栏式日记账、多栏式明细账（表7-3）。多栏式账页有若干金额栏，主要用于需进行分项目反映的经济业务，以更加详细具体地记载某一小类经济业务的活动情况。收入、费用明细账一般均采用这种形式。

明 细 分 类 账　　　　　　　　　　表7-3

总账科目：_____
明细科目：_____

总第___页
分第___页

年		凭证号数	摘要	借方	贷方	借或贷	余额	（　）方金额分析						核对
月	日													

（3）数量金额式账簿

数量金额式账簿是指在借方、贷方和余额三个栏目中都分别设置数量、单价和金额三个小栏目的账簿（表7-4）。这种账簿主要是用来反映财产物资的数量和金额，用于既需要进行金额核算又需要进行数量核算的经济业务，如材料、库存商品等明细账。

明细分类账　　　　　　　　　　　　　表7-4

类别：　　　　　　　　　　　　　　　　　　　　计量单位：
品名及规格：　　　　　　　　　　　　　　　　　存放地点：
编号：　　　　　　　　　　　　　　　　　　　　储备定额：
总账科目：_____　　　　　　　　　　　　　　总第___页
明细科目：_____　　　　　　　　　　　　　　分第___页

年		凭证号数	摘要	借方			贷方			余额			核对
月	日			数量	单价	金额	数量	单价	金额	数量	单价	金额	

7.1.3 任务扩展：认识账簿的基本内容

在实务中，账簿的格式多种多样，不同的账簿格式所包括的内容也不尽相同，但一般来说，账簿应具备封面、扉页和账页三大要素。

1. 封面

账簿的封面主要应列明账簿名称（如总分类账、各种明细分类账、现金日记账、银行存款日记账等）和记账单位名称，如图7-3所示。

图7-3　账簿封面

2. 扉页

账簿的扉页主要包括"账簿启用及交接表"和"账簿目录"两部分。

（1）"账簿启用及交接表"列明单位名称和账簿名称、账簿启用日期、账簿册数和页数、账簿经管人员以及账簿交接记录等，见表7-5所列。

账簿启用及交接表　　　　　　　　　　　　表7-5

单位名称							公章		
账簿名称					（第　册）				
账簿编号									
账簿页数			本账簿共计　页（　　）						
启用日期		公元　　年　　月　　日							
经管人员	单位主管		财务主管		复核			记账	
	姓名	盖章	姓名	盖章	姓名	盖章		姓名	盖章
交接记录	经管人员		接管			交出			
	职别	姓名	年	月	日	盖章	年	月	日	盖章
备注									

（2）"账簿目录"是由记账人员在账簿中开设账页户头后，按顺序将每个账户的名称和页数进行登记，以便于查阅账簿中登记的内容，见表7-6所列。

账簿目录　　　　　　　　　　　　表7-6

编号	科目	起讫页次	编号	科目	起讫页次

一般情况下，只有总分类账和明细分类账才存在"账簿目录"，现金日记账和银行存款日记账由于记录内容的单一，所以没有"账簿目录"。活页式账簿在账簿启用时若无法确定页数，可先填好账户名称，待年终装订归档时再填写。

3. 账页

账页是账簿的主要内容。因反映经济业务的内容不同，账页存在着不同的格式，但下列基本要素必须要包含在内，如图7-4所示。

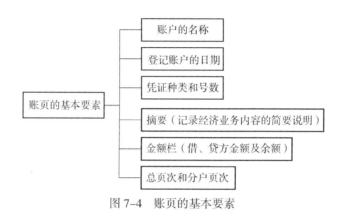

图7-4　账页的基本要素

7.1.4　任务深入：账簿的设置

任何企业在成立伊始都会面临建账问题。所谓"建账"，就是在遵循国家统一会计制度相关规定的基础上，结合自身经营管理的需要和会计业务的特点设置相应的账簿体系及具体的账簿。这看似一个非常简单的问题，但从建账过程中可以看出一个会计人员业务能力的高低，以及对企业业务的熟悉情况，所以我们要了解一下企业应如何建账。

各个企业的具体情况不同，账簿设置的方法也不尽相同。总体而言，账簿的设置应做到总分结合、序时与分类结合、层次清楚、便于分工。

1. 依法建账

企业必须按照《中华人民共和国会计法》和国家统一会计制度的规定设置会计账簿，包括总账、明细账、日记账和其他辅助性账簿等，不允许不建账，不允许在法定的会计账簿之外另外建账。

2. 与企业规模和会计分工相适应

企业规模较大，经济业务必然较多，会计人员的数量也会相应增加，并且分工较细，会计账簿较复杂，册数也应相应增多；反之，企业规模小，经济业务量少，一个会计足够处理全部经济业务，就没有必要设置过多账簿，所有的明细分类账集合成一两本即可。

3. 既满足管理需要又避免重复设账

账簿设计的目的是为了满足企业管理需要，为管理提供有用的会计信息，因此账簿设置也应以满足管理需要为前提，避免重复设账、记账，浪费人力、物力。

例如，材料账。一些企业在财务科设了总账和明细账，在供应科设了一套明细账，还在仓库设三级明细账，这就是重复设账的典型例子。事实上，只要在财务科设置一套总账，在供应科设置一套二级明细账（按类别）、在仓库设置一套三级明细账（按品名规格），则可做到一层控制一层，互相核对，数据共享，既省时又省力。

4. 与账务处理程序紧密配合

只要选择了账务处理程序，实质上就已经大致规定了账簿的种类。在进行账簿的具体设计时，应充分注意已选定的账务处理程序。比如，如果企业采用的是记账凭证账务处理程序，企业的总账就要根据记账凭证序时登记，这时就要准备一本序时登记的总账；如果企业采用的是日记总账账务处理程序，这时就必须先设计一本日记总账，再考虑其他账簿。

5. 会计报表指标相衔接

会计报表是根据账簿记录编制的，报表中的有关指标应能直接从有关总分类账户或明细分类账户中取得和填列，以加速会计报表的编制；尽量避免从几个账户中取得资料进行加减运算来填报。

可见，不同的企业在建账时所需要设置的账簿是不相同的，必须依据企业规模、经济业务的繁简程度、会计人员的多少、采用的账务处理程序等因素来确定。但无论哪种企业，基本的账簿体系无非就是日记账、总账、明细账和其他辅助性账簿。

7.1.5 任务扩展：账簿的启用与交接

1. 账簿的启用

账簿是重要的会计档案，为了确保账簿记录的规范和完整，明确记账责任，在启用账簿时，应遵守相应的规则，如图7-5所示。

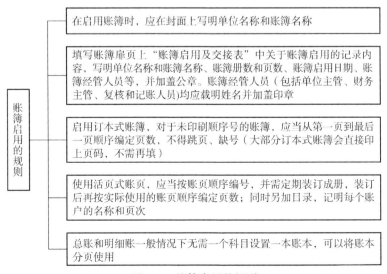

图7-5 账簿启用的规则

2. 账簿的交接

会计人员调动工作或者离职时，必须与接替人员办清交接手续。接替人员应当认真接管移交工作，并继续办理移交的未了事项。

（1）会计人员办理移交手续前，必须及时做好相应工作。

（2）会计人员办理交接手续时必须有监交人负责监交。

（3）移交人员在办理移交时，要按移交清册逐项移交，接替人员要逐项核对点收。

（4）会计机构负责人、会计主管人员移交时，还必须将全部财务会计工作、重大财务收支和会计人员的情况等向接替人员详细介绍。移交的遗留问题应写出书面材料注明。

（5）交接完毕后，交接双方和监交人员要在移交清册上签名或者盖章。

（6）接替人员应当继续使用移交的会计账簿，不得自行另立新账，以保持会计记录的连续性。

（7）除调动工作或离职外，会计人员在临时离职或其他原因暂时不能工作时也应办理会计工作交接。

（8）在移交账簿时，还必须填写账簿扉页上的"账簿启用及交接表"中的"交接记录"，写明交接日期，交接人员必须签名并盖章。

任务7.2 如何登记账簿

◆ 学习目标
1. 了解账簿登记的要求
2. 掌握各种账簿的登记方法
3. 掌握总分类账与明细分类账的平行登记方法

◆ 重点难点
1. 账簿的登记规则
2. 各种账簿的登记方法
3. 总分类账与明细分类账的平行登记方法

登记账簿是会计核算的中心环节，是一项重要的工作。账簿登记是否正确、完整，关系到整个会计核算的质量。

7.2.1 准备知识：账簿登记的规则

账簿所记录的经济业务不同，其结构和登记方法也不完全相同。但无论是登记哪种账簿,会计人员都应当根据审核无误的会计凭证登记账簿,同时遵循《会计基础工作规范》和相关会计法规、制度对登记账簿的相关要求,见表7-7所列。

账簿登记的要求　　　　　　　　　　　　　　　　表7-7

项目	内容
1. 审核凭证	根据审核无误的会计凭证登记账簿是基本的记账规则。在登记账簿之前,记账人员首先应审核会计凭证的合法性、完整性和真实性
2. 准确完整	登记会计账簿时,应当将会计凭证的日期、编号、业务内容摘要、金额和其他有关资料逐项记入账簿内,并做到内容完整、数字准确、摘要清楚、登记及时、字迹工整
3. 在记账凭证上注明记账符号	为了避免重复记账或漏记,在将某一张记账凭证上的业务登记入账后,要在该记账凭证上签名或者盖章,并注明已经登账的符号(如"√")
4. 书写标准	为了便于更正错误和方便查账,登记账簿时要清晰、整洁,记账文字和数字都要端正、清楚,严禁刮擦、挖补、涂改或用药水消除字迹 书写的文字和数字上面要留有适当空格,不要写满格,一般应占格距的二分之一。这样既留有改错的空间,又保持了美观 登记账簿要用蓝黑墨水或者碳素墨水书写,不得使用圆珠笔(银行的复写账簿除外)或者铅笔。这是因为,各种账簿归档保管年限长,国家规定一般都在15年以上,因此要求账簿记录保持清晰、持久,以便长期查核使用,防止涂改。但是,下列情况可以用红色墨水记账: (1)按照红字冲账的记账凭证,冲销错误记录 (2)在不设借贷等栏的多栏式账页中,登记减少数 (3)在三栏式账户的余额栏前,如未印明余额方向的,在余额栏内登记负数余额 (4)根据国家统一会计制度的规定可以用红字登记的其他会计记录
5. 连续顺序登记	在登记账簿时,必须按账户页次顺序逐页登记,不得跳行、隔页。如果发生跳行、隔页,应在空行、空页处用红色墨水画对角线注销,注明"此行空白"或"此页空白"字样,并由记账人员签章
6. 余额结转	凡需要结出余额的账户,结出余额后应当在"借或贷"等栏内写明"借"或者"贷"字样,以表明其余额的方向 没有余额的账户,应当在"借或贷"等栏内写"平"字,并在余额栏内用"Ø"(在0中间划一线)表示 现金日记账和银行存款日记账必须逐日结出余额
7. 逐页结转	账页记到倒数第二行时,应办理"转页"手续。首先在该页的最末行分别加计本页借贷方的发生额,并结出余额,在该行摘要栏注明"过次页";然后再把这个合计数及余额转移到次页的第一行的相应栏内,在次页第一行的摘要栏中注明"承前页"。"过次页"、"承前页"可以用购买的会计通用章加红色印泥加盖,这样更美观
8. 电算化	实行会计电算化的单位,总账和明细账应当定期打印。发生收款和付款业务的,在输入收款凭证和付款凭证的当天必须打印出现金日记账和银行存款日记账,并与库存现金核对无误
9. 错账更正要求	账簿记录如果发现错误,不得随意涂改,更不能刮、擦、挖、补或用改正液更正,要用规定的错账更正方法予以更正,并由会计人员和会计主管人员签名或盖章
10. 编号完整	订本式的账簿都编有账页的顺序号,不得任意撕毁。活页式账簿也不得随便抽换账页,装订成册时应编分页码

7.2.2　任务引入:如何登记日记账

为了加强对货币资金的管理,企业应设置现金日记账和银行存款日记账两本特种日记账,以序时地反映其收入、支出和每日的结存情况。有外币业务的企业还应分别设置人民币和各种外币日记账。

现金日记账和银行存款日记账是由出纳员根据审核后的收、付款凭证逐日逐笔登记的，所以，现金日记账和银行存款日记账通常也称"出纳账"。

注意：
现金和银行存款是流动性最强的资产，为了维护企业货币资金资产的安全完整，现金日记账和银行存款日记账一律采用订本式账簿，不得用银行对账单或者其他方法代替日记账。

1. 如何登记现金日记账

现金和银行存款日记账的账页格式一般为三栏式，即在金额栏设置借方栏、贷方栏和余额栏三个基本栏目，分别反映现金的收入、支出和结余情况。为了清晰地反映现金收付业务的具体内容，在"摘要"栏后，还应专设"对方科目"栏登记对方科目名称。

必须注意，现金日记账的登记要做到日清月结。所谓"日清"，就是每日现金收付款项逐笔登记完毕后，应分别计算现金收入和支出的合计数及账面的结余额，并将现金日记账的账面余额与库存现金实存数相核对，借以检查每日现金收、支和结存情况。如账款不符，应查明原因，并记录备案。所谓"月结"，就是每月月末要计算本月现金的收、付和结余合计数。

【例7-1】 华宇建筑公司2009年3月初结余现金2000元，3月份发生的有关现金收支业务如下所示，编制记账凭证并据以登记现金日记账。

（1）3月1日，从银行提取现金8000元用做备用金。
　　借：库存现金　　　　　　　　　　　　　　　　　　8000
　　　　贷：银行存款　　　　　　　　　　　　　　　　　　8000
（2）3月9日，管理部门职工陈明到外地出差预借差旅费2000元，以现金支付。
　　借：其他应收款——陈明　　　　　　　　　　　　2000
　　　　贷：库存现金　　　　　　　　　　　　　　　　　　2000
（3）3月14日，职工陈明出差回来退回多余现金140元。
　　借：库存现金　　　　　　　　　　　　　　　　　　140
　　　　管理费用　　　　　　　　　　　　　　　　　　1860
　　　　贷：其他应收款——陈明　　　　　　　　　　　　2000
（4）3月19日，用现金支付上级领导视察工作的业务招待费800元。
　　借：管理费用　　　　　　　　　　　　　　　　　　800
　　　　贷：库存现金　　　　　　　　　　　　　　　　　　800
（5）3月21日，用现金支付购买办公用品的费用300元。
　　借：管理费用　　　　　　　　　　　　　　　　　　300

  贷：库存现金 300
（6）3月27日，用现金支付管理部门汽车修理费600元。
  借：管理费用 600
   贷：库存现金 600
（7）3月30日，用现金支付市场部的费用4500元。
  借：销售费用 4500
   贷：库存现金 4500
登记完成的现金日记账，见表7-8所列。

现金日记账　　　　　　　　表7-8

2009年		凭证号数	摘要	对方科目	收入（借方）金额									付出（贷方）金额									结存金额									核对
月	日				千	百	十	万	千	百	十	元	角	分	千	百	十	万	千	百	十	元	角	分	千	百	十	万	千	百	十	元	角	分	
3	1		期初余额																										2	0	0	0	0	0	
3	1	1	提备用金	银行存款					8	0	0	0	0	0														1	0	0	0	0	0	0	
3	9	6	职工陈明出差借款	其他应收款															2	0	0	0	0	0						8	0	0	0	0	0	
3	14	9	陈明退回多余现金	其他应收款						1	4	0	0	0															8	1	4	0	0	0	
3	19	13	支付招待费	管理费用																8	0	0	0	0						7	3	4	0	0	0	
3	21	15	购买办公用品	管理费用																3	0	0	0	0						7	0	4	0	0	0	
3	27	20	支付汽车修理费	管理费用																6	0	0	0	0						6	4	4	0	0	0	
3	20	21	支付市场部费用	销售费用															4	5	0	0	0	0						1	9	4	0	0	0	
3	31		本月合计						8	1	4	0	0	0					8	2	0	0	0	0						1	9	4	0	0	0	

2. 如何登记银行存款日记账

  银行存款日记账应按存款类别分别设置，其格式和结构与现金日记账基本相同。值得注意的是，由于银行存款的收付都是根据特定的银行结算凭证进行的，因此银行存款日记账一般应在"对方科目"与"收入"金额栏之间（或其他适当位置）增加"结算凭证"栏，用于标明每笔业务的结算凭证及编号。

银行存款日记账为什么要增加"结算凭证"栏？
  因为要把银行存款日记账和银行对账单进行核对，编制银行存款余额调节表，才能反映银行存款的实际数，进行账实核对。

  银行存款日记账通常由出纳人员根据与银行收付款有关的记账凭证，按时间顺序逐日逐笔进行登记。如果采用的是专用记账凭证，对于现金存入银行的业务，由于只填制现金付款凭证，不填制银行存款收款凭证，因而银行存款的收入数应根据现金付款凭证登记。

银行存款日记账的登记方法与现金日记账基本相同，但对于结算凭证编号栏中的结算凭证种类，应根据收付款凭证所附的银行结算凭证登记，银行存款日记账也应做到"日清月结"，以便于检查监督各项收支款项，并定期同银行对账单逐笔核对。

【例7-2】华宇建筑公司2009年3月银行存款期初余额为960000元，3月份发生的有关银行存款收支业务如下所示，编制记账凭证并据以登记银行存款日记账。

（1）3月1日，从银行提取现金8000元用做备用金。

  借：库存现金   8000

    贷：银行存款   8000

（2）3月2日，从银行借入资金500000元，期限1年，存入银行。

  借：银行存款   500000

    贷：短期借款   500000

（3）3月3日，归还展宏公司的长期借款共计585000元，转账支付。

  借：长期借款——展宏公司   585000

    贷：银行存款   585000

（4）3月8日，上缴营业税18700元，转账支付。

  借：应交税费——应交营业税   18700

    贷：银行存款   18700

（5）3月10日，从银行发放工资150000元。

  借：应付职工薪酬   150000

    贷：银行存款   150000

（6）3月13日，收到甲工程结算款234000元，转存银行。

  借：银行存款   234000

    贷：应收账款——应收工程款（甲工程）   234000

（7）3月15日，用银行存款支付钢材买价500000元，增值税进项税额85000元。

  借：原材料——钢材   500000

    应交税费——应交增值税（进项税额）   85000

    贷：银行存款   585000

（8）3月16日，收到乙工程结算款486720元，转存银行。

  借：银行存款   486720

    贷：应收账款——应收工程款（乙工程）   486720

（9）3月16日，用银行存款支付电视台广告费100000元。

  借：销售费用   100000

    贷：银行存款   100000

（10）3月20日，用银行存款支付水泥买价200000元，增值税进项税额34000元。

  借：原材料——水泥   200000

    应交税费——应交增值税（进项税额）   34000

    贷：银行存款   234000

（11）3月23日，收到兴盛建筑公司还来欠款350000元，转存银行。

借：银行存款　　　　　　　　　　　　　　　　　　　350000
　　贷：应收账款——兴盛建筑公司　　　　　　　　　　　　　350000

（12）3月26日，收到丙工程结算款393120元，转存银行。

借：银行存款　　　　　　　　　　　　　　　　　　　393120
　　贷：应收账款——应收工程款（丙工程）　　　　　　　　　393120

（13）3月31日，转账支付该月的电费11700元。

借：管理费用　　　　　　　　　　　　　　　　　　　11700
　　贷：银行存款　　　　　　　　　　　　　　　　　　　　11700

（14）3月31日，转账支付该月的水费5650元。

借：管理费用　　　　　　　　　　　　　　　　　　　5650
　　贷：银行存款　　　　　　　　　　　　　　　　　　　　5650

（15）3月31日，转账支付该月的电话费1380元。

借：管理费用　　　　　　　　　　　　　　　　　　　1380
　　贷：银行存款　　　　　　　　　　　　　　　　　　　　1380

（16）3月31日，银行存款获得利息收入660元。

借：银行存款　　　　　　　　　　　　　　　　　　　660
　　贷：财务费用　　　　　　　　　　　　　　　　　　　　660

登记完成的银行存款日记账，见表7-9所列。

银行存款日记账　　　　　　　　　　　表7-9

开户银行：建行××分行

账　　号：××××

2009年		凭证号数	摘要	对方科目	收入（借方）金额	付出（贷方）金额	结存金额	核对
月	日				千百十万千百十元角分	千百十万千百十元角分	千百十万千百十元角分	
3	1		期初余额				9 6 0 0 0 0 0	
3	1	1	提备用金	库存现金		8 0 0 0 0 0	9 5 2 0 0 0 0	
3	2	2	取得短期借款	短期借款	5 0 0 0 0 0 0		1 4 5 2 0 0 0 0	
3	3	3	偿还展宏公司借款	长期借款		5 8 5 0 0 0 0	8 6 7 0 0 0 0	
3	8	5	交纳税费	应交税费		1 8 7 0 0 0 0	8 4 8 3 0 0 0 0	
3	10	7	发放工资	应付职工薪酬		1 5 0 0 0 0 0	6 9 8 3 0 0 0	
3	13	8	收到甲工程结算款	应收账款	2 3 4 0 0 0 0		9 3 2 3 0 0 0	
3	15	10	支付钢材货款	原材料		5 8 5 0 0 0 0	3 4 7 3 0 0 0	
3	16	11	收到乙工程结算款	应收账款	4 8 6 7 2 0 0		8 3 4 0 2 0 0	
3	16	12	支付电视台广告费	销售费用		1 0 0 0 0 0 0	7 3 4 0 2 0 0	
3	20	14	支付水泥货款	原材料		2 3 4 0 0 0 0	5 0 0 0 2 0 0	
3	23	18	收到兴盛公司欠款	应收账款	3 5 0 0 0 0 0		8 5 0 0 2 0 0	
3	26	19	收到丙工程结算款	应收账款	3 9 3 1 2 0 0		1 2 4 3 1 4 0 0	
3	31	22	支付电费	管理费用		1 1 7 0 0 0 0	1 2 3 1 4 4 0 0	
3	31	23	支付水费	管理费用		5 6 5 0 0 0	1 2 2 5 7 9 0 0	
3	31	24	支付电话费	管理费用		1 3 8 0 0 0	1 2 2 4 4 1 0 0	
3	31	25	存款利息收入	财务费用	6 6 0 0 0		1 2 2 5 0 7 0 0	
3	31		本月合计		1 9 6 4 5 0 0 0 0	1 6 9 9 4 3 0 0 0	1 2 2 5 0 7 0 0	

7.2.3 任务引入：如何登记总账

总分类账简称总账，是根据总分类科目开设，用以记录全部经济业务总括核算资料的分类账簿。

由于总账能够全面、总括地反映经济活动和财务收支情况，并为编制会计报表提供资料，因此每一个企业都要设置总账。必须注意，所设置的总账科目名称应与国家统一会计制度规定的会计科目名称一致。

总账一般采用订本式账簿，因此在设置总账时应事先为每个账户预留若干账页。企业可以自行选择总账格式。我国较为普遍地采用三栏式总账格式，即在账页中设置有借方、贷方和余额三个金额栏。此外，为了更直接地从总账账户中了解经济业务的来龙去脉，也可以设置反映对方科目的三栏式总账，也就是在摘要栏与金额栏之间设置一个"对方科目"栏，或者在"借方"金额栏和"贷方"金额栏中分别设置对方科目栏，见表7-10所列。

总 分 类 账　　　　　表7-10

总账科目：_____　　　　　　　　　　　　　　　　　第___页

年		凭证号数	摘要	借方	贷方	借或贷	金额	核对
月	日			千百十万千百十元角分	千百十万千百十元角分		千百十万千百十元角分	

在实务中，总账由总账会计负责登记，其登记依据和方法取决于所采用的记账程序，既可以直接依据记账凭证逐笔登记，也可以将记账凭证定期汇总后登记，即先将一定时期内的全部记账凭证汇总编制科目汇总表，然后根据汇总表中各账户的汇总数登记总账，见表7-11所列。

【**例7-3**】华宇建筑公司2009年3月份根据记账凭证编制的科目汇总表表明：原材料本月发生额为1100000元，据此登记总分类账，见表7-11所列。

总 分 类 账 表7-11

总账科目: 原材料 第___页

2009年		凭证号数	摘要	借方										贷方										借或贷	金额										核对
月	日			千	百	十	万	千	百	十	元	角	分	千	百	十	万	千	百	十	元	角	分		千	百	十	万	千	百	十	元	角	分	
3	1		期初余额																					借			8	1	0	0	0	0	0	0	
3	31	汇1	本月发生额			1	1	0	0	0	0	0	0			1	3	1	0	0	0	0	0	借				6	0	0	0	0	0	0	
3	31		本月合计			1	1	0	0	0	0	0	0			1	3	1	0	0	0	0	0	借				6	0	0	0	0	0	0	

7.2.4 任务引入：如何登记明细账

为了满足经营管理的需要，企业应在设置总分类账的基础上，按照明细科目开设明细分类账，提供有关经济业务的详细资料。

明细账能够更为详细地反映企业的经济活动以及资产、负债、所有者权益、收入、费用和利润等状况，对于加强监督财产的收发和保管、往来款项的结算、收入的取得以及费用的开支等起着重要的作用。因此，每一个企业都必须设置材料、商品、债权及债务、固定资产、业务收入、费用开支以及其他各种必要的明细分类账。
现金和银行存款账户由于已经设置了日记账，不用再设置明细账，因为其日记账实质上也是一种明细账。

明细分类账简称"明细账"，是根据总账科目所属的明细科目设置，用以记录某一类经济业务明细核算资料的分类账。明细账是总账的明细记录，对总账起着补充说明的作用。

明细账一般采用活页式账簿，也有的采用卡片式账簿，如固定资产明细账。明细账的账页格式主要有三栏式、数量金额式和多栏式三种，企业应根据各项财产物资管理的需要选择明细账的格式。

1. 三栏式明细账

三栏式明细账的格式与三栏式总账相同,即账页内只设"借方"、"贷方"和"余额"三个金额栏,见表7-12所列。

明 细 分 类 账　　　　　　　　表 7-12

总账科目:　应收账款　　　　　　　　　　　　　　　　　　　总第___页
明细科目:　通达公司　　　　　　　　　　　　　　　　　　　分第___页

年		凭证号数	摘要	借方									贷方									借或贷	金额									核对
月	日			千	百	十	万	千	百	十	元	角	分	千	百	十	万	千	百	十	元	角	分		千	百	十	万	千	百	十	元	角	分	
3	1		月初余额																					借			1	1	7	0	0	0	0	0	
3	10	38	销售A产品				2	3	4	0	0	0	0											借			1	4	0	4	0	0	0	0	
3	15	41	销售A产品				5	8	5	0	0	0	0											借			1	9	8	9	0	0	0	0	
3	18	60	收到货款														1	4	0	4	0	0	0	0					5	8	5	0	0	0	0	

三栏式明细账适用于只需进行金额核算而不需要进行数量核算的债权、债务结算科目和资本类科目,如"应收账款"、"应付账款"、"应交税金"等往来结算账户,以及"待摊费用"、"预提费用"等账户。

2. 数量金额式明细账

数量金额式明细账的格式是:账页内设有"借方"(或"收入")、"贷方"(或"发出")和"余额"(或"结存")三大栏,在三大栏内又分别各设"数量"、"单价"、"金额"等小栏,见表7-13所列。这种格式适用于既要进行金额核算,又要进行实物数量核算的各种财产物资科目,如"原材料"、"库存商品"等账户。

明 细 分 类 账　　　　　　　表 7-13

类别：材料　　　　　　　　　　　　　　　　　　　　计量单位：千克
品名及规格：A 材料　　　　　　　　　　　　　　　存放地点：3 号仓库
编号：006　　　　　　　　　　　　　　　　　　　　储备定额：5000 千克
总账科目：___原材料___　　　　　　　　　　　　　总第 _13_ 页
明细科目：___A 材料___　　　　　　　　　　　　　分第 _5_ 页

2009年		凭证号数	摘要	借方			贷方			余额			核对
月	日			数量	单价	金额	数量	单价	金额	数量	单价	金额	
3	1		月初结存							300	100	30000	
3	3	8	购入	500	100	50000				800	100	80000	
3	15	45	生产领用				400	100	40000	400	100	40000	
3	25	75	生产领用				300	100	30000	100	100	10000	
3	31		本月合计	500	100	50000	700	100	70000	100	100	10000	

3. 多栏式明细账

多栏式明细账的格式，是根据经济业务的特点和经营管理的需要，在同一账页内，按该明细科目的有关项目分设若干专栏，集中反映各明细项目的详细资料。专栏的数量可以根据具体科目的实际需要进行设置。

多栏式明细账适用于只记金额，同时又需要了解其构成内容的详细资料的费用、成本、收入和利润等科目。

实务中，根据各个明细账户登记的经济业务的不同，多栏式明细账账页又可分为借方多栏式、贷方多栏式、借贷方多栏式三种。

7.2.5 任务深入：总账与明细账的平行登记

前面我们说过，总分类账户是其所属的明细分类账户的综合，对所属明细分类账户起着统驭作用；而明细分类账户是有关总分类账户的补充，对有关总分类账户起着详细说明的作用。

在登记账簿的时候，尽管反映经济业务的详细程度不同，但二者核算的内容相同，所依据的原始凭证也相同。因此，为了便于账目核对，并确保核算资料的正确、完整，总分类账户和明细分类账户必须采取"平行登记"的方法。

所谓"平行登记"，就是对每一项经济业务，一方面要在有关的总分类账户中进行总括登记；另一方面也要在所属的有关明细账户中进行明细登记，如图 7-6 所示。

```
                   ┌─ 双方登记。对于每一笔经济业务，既要在总分类账户中进行登记，又
                   │  要分别计入总分类账户所属的各个明细分类账户
                   │
                   ├─ 依据相同。总分类账户与其所属明细分类账户都要依据相同的原始凭
                   │  证或者记账凭证来进行登记
    平             │
    行             ├─ 时间相同。同一笔经济业务的总分类账户与明细分类账户的登记应该
    登             │  在同一个会计期间完成
    记             │
    的             ├─ 方向相同。将每一笔经济业务记入总分类账户及其所属的明细分类账
    要             │  户时，必须记在相同方向，即总分类账户记借方，其所属明细账户也
    点             │  记借方；同样，总分类账户记贷方，其所属明细账户也记贷方
                   │
                   └─ 金额相等。记入总分类账户的金额与记入其所属明细分类账户的金额
                      的合计必须相等
```

图 7-6　平行登记的要点

通过平行登记并相互核对，才能保证总分类账户的记录与明细分类账户的记录形成统驭的关系，才能及时检查错误和更正错误。下面，我们以"原材料"和"应付账款"账户举例说明总分类账户与明细分类账户的平行登记规则。

【例 7-4】2009 年 3 月 1 日，某企业"原材料"和"应付账款"账户的总账和其所属明细账金额，见表 7-14 所列。

某企业原材料和应付账款总账和明细账　　　　表 7-14

账户		数量（件）	单价（元）	金额（元）	
总账	明细账			总账	明细账
原材料				80000（借）	
	A 材料	300	200		60000（借）
	B 材料	200	100		20000（借）
应付账款				150000（贷）	
	甲公司				90000（贷）
	乙公司				60000（贷）

该企业在 3 月份发生的部分经济业务如下所示。

（1）3 月 5 日，向甲公司购买一批 A 材料，数量 2000 件，单价 200 元，增值税进项税额 68000 元。材料已经验收入库，款项尚未支付（凭证号 11）。

　　借：原材料——A 材料　　　　　　　　　　　　　　　　400000
　　　　应交税费——应交增值税（进项税额）　　　　　　　68000
　　　　贷：应付账款——甲公司　　　　　　　　　　　　　　　　468000

（2）3 月 8 日，向乙公司购买一批 B 材料，数量 2000 件，单价 100 元，增值

税进项税额34000元。材料已经验收入库，款项尚未支付（凭证号15）。

  借：原材料——B材料   200000
    应交税费——应交增值税（进项税额） 34000
    贷：应付账款——乙公司   234000

（3）3月15日，以银行存款偿还前欠甲公司款项300000元（凭证号35）。

  借：应付账款——甲公司   300000
    贷：银行存款   300000

（4）3月21日，以银行存款偿还前欠乙公司款项200000元（凭证号50）。

  借：应付账款——乙公司   200000
    贷：银行存款   200000

（5）3月31日，仓库发来结算单，生产车间领用A材料1500件，单价200元，合计300000元；领用B材料1800件，单价100元，合计180000元（凭证号71）。

  借：生产成本   480000
    贷：原材料——A材料   300000
       ——B材料   180000

  根据上述资料，进行总分类账户与明细分类账户的平行登记，分别登记"原材料"总账（表7-15）及其所属明细账（表7-16、表7-17）、"应付账款"总账及其所属明细账（甲公司和乙公司）。

总 分 类 账   表7-15

总账科目：___原材料___   第___页

2009年		凭证号数	摘要	借方	贷方	借或贷	金额	核对
月	日			千百十万千百十元角分	千百十万千百十元角分		千百十万千百十元角分	
3	1		月初余额			借	8 0 0 0 0 0	
3	5	11	购入A材料	4 0 0 0 0 0		借	4 8 0 0 0 0	
3	8	15	购入B材料	2 0 0 0 0 0		借	6 8 0 0 0 0	
3	31	71	生产领用		4 8 0 0 0 0	借	2 0 0 0 0 0	
3	31		本月合计	6 0 0 0 0 0	4 8 0 0 0 0	借	2 0 0 0 0 0	

明 细 分 类 账　　　　　表7-16

类别：材料　　　　　　　　　　　　　　　　　　计量单位：千克
品名及规格：A材料　　　　　　　　　　　　　　存放地点：3号仓库
编号：008　　　　　　　　　　　　　　　　　　储备定额：5000千克
总账科目：　原材料　　　　　　　　　　　　　　　　　　　　总第___页
明细科目：　A材料　　　　　　　　　　　　　　　　　　　　分第___页

2009年		凭证号数	摘要	借方			贷方			余额			核对
月	日			数量	单价	金额	数量	单价	金额	数量	单价	金额	
3	1		月初结存							300	200	60000	
3	5	11	购入	2000	200	400000				2300	200	460000	
3	31	71	生产领用				1500	200	300000	800	200	160000	
3	31		本月合计	2000	200	400000	1500	200	300000	800	200	160000	

明 细 分 类 账　　　　　表7-17

类别：材料　　　　　　　　　　　　　　　　　　计量单位：千克
品名及规格：B材料　　　　　　　　　　　　　　存放地点：3号仓库
编号：013　　　　　　　　　　　　　　　　　　储备定额：5000千克
总账科目：　原材料　　　　　　　　　　　　　　　　　　　　总第___页
明细科目：　B材料　　　　　　　　　　　　　　　　　　　　分第___页

2009年		凭证号数	摘要	借方			贷方			余额			核对
月	日			数量	单价	金额	数量	单价	金额	数量	单价	金额	
3	1		月初结存							200	100	20000	
3	8	15	购入	2000	100	200000				2200	100	220000	
3	31	71	生产领用				1800	100	180000	400	100	40000	
3	31		本月合计	2000	200	200000	1800	100	180000	400	100	40000	

从上可见,"A 材料"和"B 材料"明细账的期初余额之和、本期发生额之和、期末余额之和与"原材料"总账的期初余额、本期发生额、期末余额是相等的,即:

期初余额:60000+20000=80000 元
本期购进:400000+200000=600000 元
期末余额:160000+40000=200000 元

由于总账与明细账是按平行登记的方法进行登记的,因此对总账和明细账登记的结果,应当进行相互核对。其核对可以依据以下公式进行:

总分类账户期初余额 = 所属各明细分类账户期初余额之和
总分类账户借方发生额 = 所属各明细分类账户借方发生额之和
总分类账户贷方发生额 = 所属各明细分类账户贷方发生额之和
总分类账户期末余额 = 所属各明细分类账户期末余额之和

实务中,总账与明细账的核对通常是通过编制"总账与明细账账户发生额及余额对照表"(表 7-18)进行的。

总账与明细账账户发生额及余额对照表　　　　表 7-18

账户名称	期初余额		本期发生额		期末余额	
	借方	贷方	借方	贷方	借方	贷方
××明细账						
××明细账						
××明细账						
××总账						

任务 7.3　如何查找与更正错账

◆ 学习目标
1. 了解查找错账的方法
2. 掌握更正错账的方法

◆ 重点难点
更正错账的方法

7.3.1　了解查找错账的方法

由于各种原因,记账错误总是在所难免的。为了保证账簿记录的正确无误,则需要根据会计核算的特点,探寻常见错账产生的原因及规律,总结出有效的查错方法,以便能够及时地查找错账并按规定的方法予以更正。

1. 顺查法

顺查法也叫正查法,是按照原来账务处理的顺序从头到尾进行普遍查找的方法,即沿着"制证—过账—结账—试算"的账务处理程序,从头到尾进行的普遍检查,这种检查方法可以发现重记、漏记、错记科目、错记金额等错误。

顺查法主要用于期末账簿进行的全面核对和不规则的错误查找,其优点是查找的范围大,不易遗漏;缺点是工作量大,需要的时间比较长。所以在实际工作中,一般是在采用其他方法查找不到错误的情况下采用这种方法。

2. 逆查法

逆查法也叫反查法,是按照与原来账务处理程序相反的顺序,从尾到头地普遍检查的方法,即沿着"试算—结账—过账—制证"逆账处理程序检查,如果认为错误可能出在当天最后几笔业务或者当月最后几天的业务上,那么,按照这样倒过来的顺序查找有时可以事半功倍。

3. 抽查法

抽查法是指抽取账簿记录当中的某些部分进行局部检查的方法。若发现账簿记录有差错,可根据差错的具体情况从账簿中抽查部分内容,而不必核对全部内容。例如,差错数字只在角位、分位,或者只是整数百位、千位,这样就可以缩小查找范围,专门查看角位、分位或者百位、千位的数字,其他的数字不必一一检查,这样比较省力且有效。

4. 偶合法

偶合法是根据账簿记录差错中最常见的规律,根据差错的情况来推测差错原因进而查找差错的一种查找方法,主要用来查找带有规律性原因造成的差错,如漏记、重记、错记等。常用的偶合法有"差额检查法"、"除二法"、"除九法"等。

7.3.2 了解更正错账的方法

当会计人员发现账簿记录错误时,应查明原因,对不同的错误采用不同的更正方法。错账更正方法有三种,包括划线更正法、红字更正法和补充登记法。

1. 划线更正法

划线更正法又称红线更正法,是指将原错误记录用红线划销,并在其上方进行更正的方法。

(1)适用范围

在结账之前,如果发现账簿记录有错误,而其所依据的记账凭证没有错误,即纯属登账时文字或数字上的错误,如记错金额、入错账户或登错记账方向等,可以采用划线更正法。

(2)更正方法

先在错误的文字或数字上划一条红线(注意被划销的部分应可辨认以便审查),表示错误内容已被注销,然后将正确的文字或数字写在被注销的文字上端空白处,并由记账人员在更正处签章,以明确责任。

注意：
在划线时，如果是文字错误，可以只划掉错误部分，不必将其他文字也划去；如果是数字错误，应将全部数字划掉，不得只划错误数字，并应保持划掉的字迹仍能辨认出来。
例如，将136.70元误记为316.70元，采用划线更正法时，应将316.70全部划销，然后在其上方记录136.70，而不能只将其中的"31"改为"13"。

2. 红字更正法

红字更正又称红字冲销。在会计核算中，红字表示对原有记录的冲销，它是指用红字冲销或冲减原有的错误记录以调整记账错误的一种方法。红字更正法主要适用于以下两种情况。

（1）记账之后，发现原记账凭证中的应借、应贷会计科目有错误，如会计科目名称错误、借贷金额错误或科目、金额同时错误等，并且已按错误的会计凭证登录账簿，从而造成账簿记录错误的，可以采用红字更正法。

更正方法：首先用红字填制一张内容与原记账凭证（即发现有错误的那张记账凭证）完全相同的记账凭证，在摘要栏注明"注销×年×月×日×号凭证"字样，以冲销原错误记录；然后再用蓝字重新填写一张正确的记账凭证，注明"订正×年×月×日×号凭证"，并据以登记入账，这样就可以把原来的差错更正过来。

【例7-5】 华宇建筑公司以现金购买办公用品1800元。在填制记账凭证时，误记入"银行存款"科目，并已登记入账。

借：管理费用　　　　　　　　　　　　　　　　　　　　　1800
　　贷：银行存款　　　　　　　　　　　　　　　　　　　　1800

当发现记账错误时，先用红字编制一张与该错误记账凭证完全相同的记账凭证，并登记入账，以冲销原错误记录。

借：管理费用　　　　　　　　　　　　　　　　　　　　　|1800|
　　贷：银行存款　　　　　　　　　　　　　　　　　　　　|1800|

注：方框表示红字

然后，用蓝字填制一张正确的记账凭证，并登记入账。

借：管理费用　　　　　　　　　　　　　　　　　　　　　1800
　　贷：库存现金　　　　　　　　　　　　　　　　　　　　1800

（2）记账后，发现原来记账凭证中应借应贷科目、记账方向都没有错误，只是所记金额大于应记的正确金额，这时也可以用红字更正法。

更正方法：将多记的金额用红字填制一张与原错误凭证的记账方向、会计科目完全相同的记账凭证，并据以用红字登记入账。

【例7-6】 华宇建筑公司用银行存款归还前欠货款110000元。在填制记账凭证时，误将金额写成170000元，并已登记入账，即编制的会计分录为：

借：应付账款 170000
　　贷：银行存款 170000

更正时，将多记金额 60000 元用红字填制如下记账凭证，并登记入账，以冲销多计金额。

借：应付账款 |60000|
　　贷：银行存款 |60000|

注：方框表示红字

3. 补充登记法

补充登记法又称补充更正法。在记账以后，发现记账凭证填写的金额小于实际金额时，可以采用补充登记法进行更正。

更正方法：将少记的金额用蓝字填制一张与原记账凭证的记账方向、会计科目相同的记账凭证，在摘要栏注明"补充×月×日×号凭证少记金额"，并据以登记入账。

【例 7-7】华宇建筑公司收到一笔应收款项 300000 元。在填制记账凭证时，误将金额写成 30000 元，并已登记入账。即原会计分录为：

借：银行存款 30000
　　贷：应收账款 30000

当发现上述错账时，可将少记的 270000 元再编制一张记账凭证，并据以登记入账，以补足少计金额。

借：银行存款 270000
　　贷：应收账款 270000

任务 7.4　如何对账与结账

◆学习目标
1. 明确对账的内容
2. 熟悉结账的方法

◆重点难点
结账的方法

7.4.1　学习如何对账

由于种种原因，记账时难免会发生一些错记、漏记等错误，或者出现账实不符的现象。为了保证会计信息的正确性，会计人员必须做好对账工作。

所谓"对账"，简单来说就是核对账目。实务中，对账包括账证核对、账账核对、账实核对。

1. 账证核对

账证核对是指对各种账簿记录与有关会计凭证（记账凭证和所有附加的原始凭证）进行核对。

账证核对主要是在日常编制凭证和记账过程中逐笔进行。期末，如果发现账账不符或账实不符，还需回过头来重新进行有关账证之间的核对，以确保账证相符。

账证核对的重点是凭证所记载的业务内容、数量、金额和会计科目是否与账簿中的记录一致。若发现差错，应重新对账簿记录和会计凭证进行复核，直到查出错误的原因为止，以保证账证相符。

2. 账账核对

账账核对是对各种账簿之间的有关记录进行核对，以做到账账相符。账账核对的具体内容包括图 7-7 所示的几个方面。

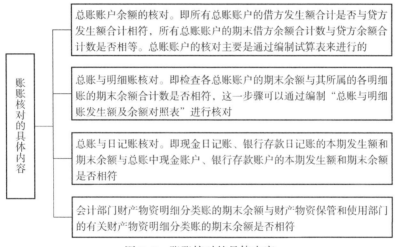

图 7-7 账账核对的具体内容

3. 账实核对

账实核对是指将各种财产物资的账面余额与实存数额进行核对。账实核对一般通过财产清查的方法进行。账实核对的具体内容，如图 7-8 所示。

图 7-8 账实核对的具体内容

7.4.2 学习如何结账

企业的经济活动是连续不断进行的，为了总结每一会计期间（如月份、季度、年度）的经济活动，企业必须按月、季、年进行结账，为编制会计报表作准备。

1. 结账的内容和程序

结账是指在本期所发生的经济业务全部登记入账的基础上，于会计期末按照规定的方法结算账目，包括结计出本期发生额和期末余额。

简单地说，结账就是结清账目，即把一定时期内发生的全部经济业务结算清楚，将各账户借方发生额和贷方发生额进行合计，分别得出借方、贷方的期末余额，最后划红线作结。

根据会计分期不同，结账工作可以在月末、季末、年末进行，但不能为了减少本期的工作量而提前结账，也不能将本期的会计业务推迟到下期或编制报表之后再进行结账。

2. 结账的方法

结账分为日结、月结、季结和年结四种，一般采用划线结账法，就是在结账的会计期间的最后一笔记录之下，结出本会计期间内的本期发生额和期末余额，并通栏划单红线（月结或季结）或双红线（年结），表示会计期间账簿记录已经结束。若无余额的，可在"借或贷"栏内注明"平"字，并且在"余额"栏内注明符号（即在0上划一横）。

3. 过次承前

每一账页登记完毕结转下页时，应结出本页合计数及余额，写在本页最后一行和下页第一行有关栏内，并在本页的摘要栏内注明"过次页"字样，在次页的摘要栏内注明"承前页"字样。也可以将本页合计数及金额只写在下页第一行有关栏内，并在摘要栏内注明"承前页"字样。

4. 上年结账

在年度更换账簿时，应在下一个会计年度新建有关会计账簿的第一余额栏内填写上年结转的余额，并在摘要栏内注明"上年结转"。

年度终了结账时，账户有余额的，应直接将余额记入新账户余额栏内，不需要编制记账凭证，也不必将余额再记入本年账户的借方或贷方，使本年有余额的账户的余额变为零。因为，既然年末是有余额的账户，余额就应当如实地在账户中加以反映，这样就显得更清晰、明了；否则，就混淆了有余额账户和无余额账户的区别。

任务 7.5　如何更换与保管账簿

◆ **学习目标**
了解账簿的更换和保管

在新会计年度开始的时候，企业一般都要更换使用新的会计账簿，同时对旧账簿加以妥善保管。

7.5.1 学习账簿的更换

会计账簿的更换是指在会计年度终了时，将上年旧账更换为次年新账，但并不是所有账簿都更换为新账。

一般来说，现金日记账、银行存款日记账、总分类账、大多数明细分类账每年都要更换一次，但有些财产物资明细账和债权债务明细账由于材料品种、规格和往来单位较多，更换新账时要重抄一遍，工作量较大，因此，可以跨年度使用，不必每年更换一次。第二年使用时，可直接在上年终了的双红线下面记账。此外，固定资产明细账或固定资产卡片可以延续使用，不必每年更换。各种备查账簿也可以连续使用。

在启用新账的时候，可以直接将各旧账的年末余额结转至新账簿相对应的账户中，不必填制记账凭证，也不必将本年有余额的账户调整为零。同时，在新账第一行的"日期"栏内写明1月1日，"凭证字号"栏空置不填，"摘要"栏内注明"上年结转"字样，将各账户的年末余额直接抄入新账余额栏内，并注明余额的借贷方向。上年度是借方余额，结转至本年度仍然为借方余额，见表7-19所列；上年度是贷方余额，结转至本年度仍然为贷方余额。

总 分 类 账　　　　　　　　表7-19

总账科目：　应收账款　　　　　　　　　　　　　　　　第＿＿页

2009年		凭证号数	摘要	借方	贷方	借或贷	金额	核对
月	日			千百十万千百十元角分	千百十万千百十元角分		千百十万千百十元角分	
1	1		上年结账			借	3 8 0 0 0 0 0 0	

7.5.2 学习账簿的保管

会计账簿是企业重要的档案,应建立完善的管理制度,妥善加以保管。账簿管理分为平时管理和归档保管两部分。

1. 平时管理

会计账簿必须指定专人管理,经管人员要负责保证账簿安全。会计账簿不能随意交与其他人员管理,目的是保证账簿安全和防止任意涂改账簿等问题发生。

未经单位领导和会计部门负责人批准,非账簿经管人员不能随意翻阅查看会计账簿。除需要与外单位核对外,会计账簿一般不能由个人携带外出;对于经批准携带外出的账簿,一般应由经管人员或会计主管指定专人负责。

2. 归档管理

年度终了更换并启用新账后,对更换下来的旧账要进行整理、装订,造册归档。归档时,应编制"会计账簿归档登记表",以明确责任。

会计账簿是重要的经济档案,必须按照制度统一规定的保存年限(图7-9)妥善保管,不得丢失和任意销毁。根据《会计档案管理办法》的规定,各类账簿应至少保管满规定的年限,在规定年限未满之前不得随意销毁。保管期满后,应按照规定的审批程序报经批准后才能销毁。

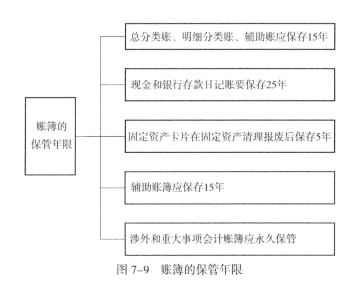

图 7-9 账簿的保管年限

 想一想

1. 什么是账簿?为什么要设立账簿?
2. 记账时应遵守哪些规则?
3. 什么是平行登记?平行登记的要点有哪些?
4. 记账发生错误时应采取哪些方法更正?举例说明各种方法的应用。

5. 对账的主要内容包括哪些方面？其中账账核对包括哪些方面？

做一做

☆ 单项选择题

1. （　　）是指由一定格式账页组成的,以经过审核的会计凭证为依据,全面、系统、连续地记录各项经济业务的簿籍。
   A. 会计凭证　　B. 会计账户　　C. 会计账簿　　D. 会计科目

2. （　　）是编制会计报表的基础,是连接会计凭证与会计报表的中间环节。
   A. 设置和登记账簿　　　　B. 审核会计凭证
   C. 设置会计科目　　　　　D. 取得原始凭证

3. 会计账簿与账户的关系是（　　）的关系。
   A. 名称和形式　　　　　　B. 形式和内容
   C. 名称和内容　　　　　　D. 账簿存在于账户之中

4. 序时账簿又称（　　）,是按照经济业务发生或完成时间的先后顺序逐日逐笔进行登记的账簿。
   A. 总账　　　　B. 明细账　　　C. 备查账　　　D. 日记账

5. 总分类账一般适用（　　）形式。
   A. 活页账　　　B. 卡片账　　　C. 订本账　　　D. 数量金额式账簿

6. 账簿用来记录经济业务事项的载体是（　　）。
   A. 账页　　　　　　　　　B. 封面
   C. 扉页　　　　　　　　　D. 账簿启用和经管人员一览表

7. 账簿中书写的文字和数字应紧靠底线书写,上面要留有适当空格,不要写满格,一般应占格距的（　　）。
   A. 1/3　　　　B. 1/2　　　　C. 1/4　　　　D. 1/5

8. 总分类账最常用的格式为（　　）。
   A. 两栏式账簿　　　　　　B. 多栏式账簿
   C. 数量金额式账簿　　　　D. 三栏式账簿

9. 现金日记账无论采用三栏式还是多栏式,都必须使用（　　）。
   A. 活页账　　　B. 卡片账　　　C. 订本账　　　D. 以上均可

10. 在结账前发现账簿记录有文字或数字错误,而记账凭证没有错误,应采用（　　）进行更正。
    A. 红字更正法　　　　　　B. 补充登记法
    C. 划线更正法　　　　　　D. 蓝字更正法

11. 记账后在当年内发现记账凭证所记的会计科目错误,应采用（　　）进行更正。
    A. 蓝字更正法　　　　　　B. 划线更正法
    C. 红字更正法　　　　　　D. 补充登记法

12. 记账后发现记账凭证填写的会计科目无误,只是所记金额小于应记金额时,应采用(　　)进行更正。

　　A. 补充登记法　　　　　　　B. 红字更正法

　　C. 蓝字更正法　　　　　　　D. 划线更正法

13. "应收账款"、"应付账款"账户的明细分类核算,其明细账的账页格式一般是(　　)。

　　A. 三栏式　　　B. 多栏式　　　C. 两栏式　　　D. 数量金额式

14. 下列适合采用多栏式明细账格式核算的是(　　)。

　　A. 原材料　　　B. 应付账款　　　C. 制造费用　　　D. 库存商品

15. 下列明细分类账中,应该采用数量金额式明细分类账的是(　　)。

　　A. 原材料明细分类账　　　　B. 应收账款明细分类账

　　C. 制造费用明细分类账　　　D. 管理费用明细分类账

16. 在月末结账前发现所填制的记账凭证无误,根据记账凭证登记账簿时,将1518元记为1581元,按照有关规定,更正时应采用的错账更正方法最好是(　　)。

　　A. 划线更正法　　　　　　　B. 红字更正法

　　C. 补充登记法　　　　　　　D. 蓝字登记法

17. 下列关于账簿登记原则,错误的是(　　)。

　　A. 账簿记录发生错误时,可以重新抄写

　　B. 各种账簿应按页次顺序连续登记,不得跳行、隔页

　　C. 银行存款日记账必须逐日结出余额

　　D. 对各种账簿的账页不得任意抽换和撕毁

☆ 多项选择题

1. 关于会计账簿与账户的关系说法正确的有(　　)。

　　A. 账户存在于账簿之中,账簿中的每一账页就是账户的存在形式和载体

　　B. 没有账簿,账户就无法存在

　　C. 账簿只是一个外在形式,账户才是它的真实内容

　　D. 账簿与账户的关系是形式和内容的关系

2. 会计账簿按用途可分为(　　)。

　　A. 序时账簿　　　B. 分类账簿　　　C. 备查账簿　　　D. 活页账

3. 会计账簿按账页格式可分为(　　)。

　　A. 两栏式账簿　　　　　　　B. 三栏式账簿

　　C. 多栏式账簿　　　　　　　D. 数量金额式账簿

4. 会计账簿按外形特征可分为(　　)。

　　A. 序时账簿　　　B. 订本账　　　C. 活页账　　　D. 卡片账

5. (　　)一般采用订本账形式。

　　A. 总分类账　　　　　　　　B. 现金日记账

　　C. 固定资产明细账　　　　　D. 银行存款日记账

6. 账页是账簿用来记录经济业务事项的载体,包括(　　)等基本内容。

A. 登记账户的日期栏　　　　　　B. 凭证种类和号数栏
C. 摘要栏　　　　　　　　　　　D. 分户页次

7. 关于启用会计账簿，说法正确的有（　　）。

A. 启用会计账簿时，应当在账簿封面上写明单位名称和账簿名称
B. 启用订本式账簿应当从第一页到最后一页顺序编定页数
C. 启用订本式账簿应当从第一页到最后一页顺序编定页数，也可以跳页
D. 使用活页式账页应当按账户顺序编号，并需定期装订成册

8. 下列说法中正确的有（　　）。

A. 账簿中书写的文字和数字应紧靠底线书写，上面要留有适当空格，不要写满格，一般应占格距的 1/3
B. 登记账簿要用蓝黑墨水或者碳素墨水书写，不得使用圆珠笔（银行的复写账簿除外）或者铅笔书写
C. 各种账簿应按页次顺序连续登记，不得跳行、隔页
D. 凡需要结出余额的账户，结出余额后，应当在"借或贷"等栏内写明"借"或者"贷"等字样

9. 关于现金日记账说法正确的有（　　）。

A. 现金日记账是用来核算和监督库存现金每天的收入、支出和结存情况的账簿
B. 现金日记账格式有三栏式和多栏式两种
C. 无论采用三栏式还是多栏式现金日记账，都必须使用订本账
D. 现金日记账由出纳人员根据同现金收付有关的记账凭证，按时间顺序逐日逐笔进行登记，并根据"上日余额+本日收入－本日支出＝本日余额"的公式，逐日结出现金余额，与库存现金实存数核对，以检查每日现金收付是否有误

10. 关于银行存款日记账说法正确的有（　　）。

A. 银行存款日记账是用来核算和监督银行存款每日的收入、支出和结余情况的账簿
B. 银行存款日记账应按企业在银行开立的账户和币种分别设置，每个银行账户设置一本日记账
C. 银行存款日记账的格式和登记方法与现金日记账相同
D. 银行存款日记账的登记方法与现金日记账不同

11. 对账的内容有（　　）。

A. 证证核对　　B. 账证核对　　C. 账账核对　　D. 账实核对

12. 账账核对是指核对不同会计账簿之间的账簿记录是否相符，包括（　　）。

A. 总分类账簿有关账户的余额核对
B. 总分类账簿与所属明细分类账簿核对
C. 总分类账簿与序时账簿核对
D. 明细分类账簿之间的核对

13. 账实核对的内容包括（　　）。

A. 现金日记账账面余额与库存现金数额是否相符
B. 银行存款日记账账面余额与银行对账单的余额是否相符
C. 各项财产物资明细账账面余额与财产物资的实有数额是否相符
D. 有关债权债务明细账账面余额与对方单位的账面记录是否相符

14. 常用的错账更正方法有（　　）。
A. 划线更正法　　　　　　　B. 红字更正法
C. 补充登记法　　　　　　　D. 直接涂改

15. 下列错误中，适用红字更正法的有（　　）。
A. 在结账前发现账簿记录有文字或数字错误，而记账凭证没有错误
B. 记账后在当年内发现记账凭证所记的会计科目错误
C. 记账后在当年内发现会计科目无误而所记金额大于应记金额
D. 记账后发现记账凭证填写的会计科目无误，只是所记金额小于应记金额

☆ 判断题

1. 账簿与账户的关系是名称和内容的关系。（　　）
2. 序时账簿提供的核算信息是编制会计报表的主要依据。（　　）
3. 租入固定资产登记簿属于备查账簿。（　　）
4. 各种明细分类账一般采用卡片账形式。（　　）
5. 各种账簿应按页次顺序连续登记，不得跳行、隔页。如果发生跳行、隔页，应当将空行、空页划线注销，或者注明"此行空白"、"此页空白"字样，并由记账人员签名或者盖章。（　　）
6. 总分类账最常用的格式为多栏式。（　　）
7. 不同类型经济业务的明细分类账可根据管理需要，依据记账凭证、原始凭证或汇总原始凭证逐日逐笔或定期汇总登记。（　　）
8. 账证核对是指核对会计账簿记录与原始凭证、记账凭证的时间、凭证字号、内容、金额是否一致，记账方向是否相符。（　　）
9. 账簿记录发生错误，不准涂改、挖补、刮擦或者用药水消除字迹，但允许重新抄写。（　　）
10. 采用划线更正法，对于错误的数字，应全部划红线更正，不得只更正其中的错误数字。对于文字错误，可只划去错误的部分。（　　）
11. 采用补充登记法更正错误的做法是：按少记的金额用红字编制一张与原记账凭证应借、应贷科目完全相同的记账凭证，以补充少记的金额，并据以记账。（　　）
12. 甲企业接受乙企业投入资金160000元，已存入银行。在填制记账凭证时，误将其金额写为260000元，并已登记入账，应采用的错误更正方法为红字更正法。（　　）
13. 在结账前发现账簿记录有文字或数字错误，而记账凭证没有错误，应采用划线更正法进行错误更正。（　　）
14. 账证核对包括总账、明细账和日记账的记录同记账凭证、原始凭证之间的

相互核对。（　　）

15. 记账后发现记账凭证填写的会计科目无误，只是所记金额大于应记金额时，采用补充登记法。（　　）

16. 现金日记账必须每天与库存现金核对相符，银行存款日记账必须定期与银行对账。（　　）

17. 任何一笔经济业务，无论是否涉及明细分类账户，都应该进行平行登记。（　　）

18. 所谓结账，就是结出各账簿的期末余额。（　　）

任务 8

了解会计核算工作流程

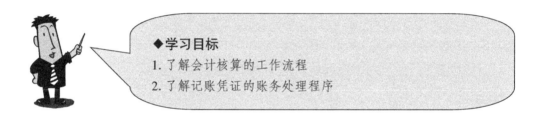

◆学习目标
1. 了解会计核算的工作流程
2. 了解记账凭证的账务处理程序

任务 8.1　简述会计核算的工作流程

会计核算的工作流程主要包括三个环节：填制和审核凭证（最初环节）、登记账簿（中心环节）以及编制会计报表（最终环节）。在一个会计期间内所发生的经济业务，都要通过这三个环节进行会计处理，将大量的经济业务转换为系统的会计信息。这个转换过程，即从填制和审核凭证到登记账簿直至编出会计报表，周而复始，就是一般所说的会计循环。

由于各个企业的业务性质、经营规模和管理需要的不同，企业会计循环的各个基本环节的组织形式也不同。这种组织形式就称为"账务处理程序"，也称作"会计核算形式"或"会计核算组织程序"。

不同的账务处理程序规定了不同的填制会计凭证、登记账簿、编制会计报表的步骤和方法。

下面以记账凭证账务处理程序为例进行简单介绍。

任务 8.2 记账凭证账务处理程序

记账凭证账务处理程序是指企业所发生的经济业务，都要以原始凭证或原始凭证汇总表为依据编制记账凭证，然后根据记账凭证直接登记总分类账的一种账务处理程序。其主要特点是：直接根据记账凭证，逐笔登记总分类账。

记账凭证账务处理程序是最基本的账务处理程序，其他各种账务处理程序都是在此基础上，根据经济管理的需要而发展形成的。

1. 凭证和账簿设置

在记账凭证账务处理程序下，单位可以采用通用记账凭证，也可以按照所反映的经济业务的内容，采用专用记账凭证（收款凭证、付款凭证和转账凭证）。

在记账凭证账务处理程序下，一般应设置现金日记账、银行存款日记账、明细分类账和总分类账等账簿。日记账和总分类账一般采用三栏式，明细分类账可根据需要采用三栏式、数量金额式或多栏式等。

2. 操作流程

记账凭证账务处理程序的基本步骤为：

（1）根据原始凭证或原始凭证汇总表填制记账凭证。

（2）根据与现金及银行存款收支有关的记账凭证，每日逐笔序时登记现金日记账和银行存款日记账。

（3）根据记账凭证及所附的原始凭证（或原始凭证汇总表），逐笔登记各种有关明细分类账。

（4）根据各种记账凭证逐笔登记总分类账。

（5）根据对账的具体要求，将现金日记账、银行存款日记账和各种明细分类账定期与总分类账相互核对。

（6）期末，根据总分类账和明细分类账的有关资料编制会计报表。记账凭证账务处理程序的基本流程，如图 8-1 所示。

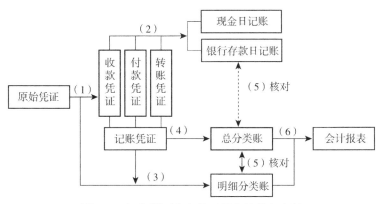

图 8-1 记账凭证账务处理程序的基本流程

3. 主要优点

（1）账务处理程序简单明了，手续简便，方法简易，易于理解和掌握。

（2）由于总分类账是根据各种记账凭证逐笔登记的，因此总分类账能详细记录和反映经济业务的发生和完成情况，便于对会计资料进行分类和检查。对业务较少的科目，总分类账可以代替明细分类账。

（3）账户之间的对应关系比较清晰，便于对账和查账。

4. 主要缺点

由于总分类账需要根据记账凭证逐笔登记，因此采用记账凭证账务处理程序时，登记总分类账的工作量会比较大。

5. 适用范围

记账凭证账务处理程序一般适用于规模较小、业务量较少及记账凭证数量不多的企业。另外，此账务处理程序特别适合于计算机处理，利用计算机可以弥补工作量大的缺点。同时，在手工记账法下，为了减少记账凭证的数量和登记总账的工作量，可以尽量将同类经济业务的原始凭证进行汇总，编制汇总原始凭证，再根据汇总原始凭证编制记账凭证。

想一想

1. 会计核算的工作流程主要包括哪三个环节？
2. 记账凭证账务处理程序的基本步骤是怎样的？

任务 9

清查财产

任务 9.1　认识财产清查

◆ 学习目标

了解财产清查的概念和分类

9.1.1　财产清查的概念

财产清查又称财产检查,是指对现金、实物资产进行清点和对银行存款、应收应付等往来款项进行核对,以确定其实有数和账面数是否相符并查明原因的一种专门会计核算方法。

财产清查是账实核对的一种重要方法,其目的是解决账实不符的问题。有些时候,账簿记录的正确与否并不能完全保证其客观真实性,因为实务中有很多原因都可能会引起财产物资的账面数与实有数不符。因此,企业必须定期或不定期地对财产进行清查,以保证会计资料的真实可靠,提高会计资料的质量,促使企业改善经营管理,保证各项财产的安全完整。

账实不符的主要原因,如图 9-1 所示。

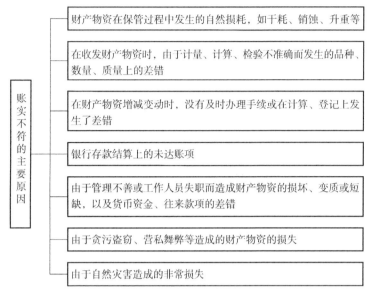

图 9-1 账实不符的主要原因

9.1.2 财产清查的种类

财产清查的种类很多，可以按照不同的标准进行分类，主要有以下几种：

1. 按清查的范围分类

按财产清查的范围和对象，可以分为全面清查和局部清查。

（1）全面清查

所谓全面清查，就是对企业所有的财产进行全面、彻底地实地盘点与核对。由于全面清查范围广、内容多、时间长、参与人员多、工作量大，一般只有在特定的情况下才需要进行全面清查，如图9-2所示。

（2）局部清查

所谓局部清查，是根据实际管理的需要，依据有关规定，对企业部分财产进行盘点与核对。局部清查一般是针对重要财产和流动性较大的财产进行的，如图

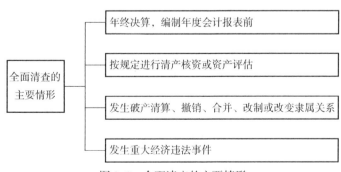

图 9-2 全面清查的主要情形

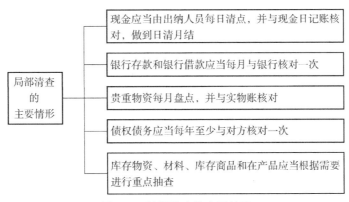

图 9-3　局部清查的主要情形

9-3 所示。

2. 按清查的时间分类

按清查时间分类，财产清查可以分为定期清查和不定期清查。

（1）定期清查

定期清查是按照预先计划的时间对财产物资所进行的清查。定期清查可以是全部清查，也可以是局部清查。定期清查一般在年度、半年度、季度或月度结账时进行。

（2）不定期清查

不定期清查也称临时清查，是事先并未规定具体清查的时间，而是根据实际需要所进行的临时性清查，如图 9-4 所示。不定期清查一般是局部清查，目的在于查明情况，分清责任。

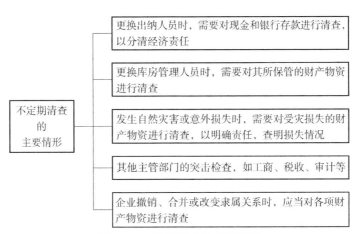

图 9-4　不定期清查的主要情形

任务 9.2 如何进行财产清查

◆ 学习目标
1. 熟悉各种财产物资的清查方法
2. 熟悉财产清查结果的账务处理

◆ 重点难点
1. 银行存款的清查方法
2. 财产清查结果的账务处理

9.2.1 库存现金的清查

库存现金的清查主要是通过实地盘点法确定企业库存现金的实存数，然后与现金日记账的账面余额进行核对，以便查明账实是否相符及长款或短款情况。

库存现金清查的注意事项，如图9-5所示。

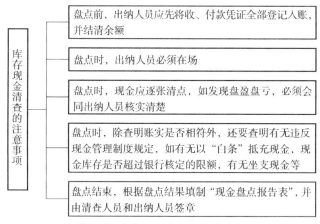

图 9-5 库存现金清查的注意事项

"现金盘点报告表"具有双重性质，它既是盘存单，也是账存实存对比表；既是反映现金实存数、用以调整账簿记录的重要原始凭证，也是分析账实差异原因、明确经济责任的依据。"现金盘点报告表"的内容，见表9-1所列。

现金盘点报告表　　　　　　　　表 9-1

年　月　日

实存数额	账存数额	对比结果		备注
		长款	短款	

负责人（签章）：　　　　　　盘点人（签章）：　　　　　　出纳（签章）：

每日终了结算现金收支、财产清查等发现的现金短缺或溢余，应当计入当期损益。

（1）如为现金短缺，属于应由责任人赔偿的部分，借记"其他应收款"或"库存现金"等科目；按实际短缺的金额扣除应由责任人赔偿部分后的金额，借记"管理费用"科目；按实际短缺的现金数额，贷记"库存现金"科目。

【例 9-1】某日，华宇建筑公司在进行现金清查时，发现库存现金较账面余额少了 600 元。其中 200 元系出纳人员李芳工作失误所致，应由其赔偿，其余 400 元无法查明原因。根据上述经济业务，编制会计分录如下：

借：其他应收款——李芳　　　　　　　　　　　　　　　200
　　管理费用　　　　　　　　　　　　　　　　　　　　400
　　贷：库存现金　　　　　　　　　　　　　　　　　　　　600

（2）如为现金溢余，应按实际溢余的金额，借记"现金"科目；属于应支付给有关人员或单位的，贷记"其他应付款"科目；现金溢余金额超过应付给有关单位或人员的部分，贷记"营业外收入"科目。

【例 9-2】某日，华宇建筑公司在进行现金清查时，发现库存现金较账面余额多出 800 元。经查，其中 600 元为应付给甲企业的货款，其余 200 元无法查明原因。根据上述经济业务，编制会计分录如下：

借：库存现金　　　　　　　　　　　　　　　　　　　　800
　　贷：其他应付款——甲企业　　　　　　　　　　　　　　600
　　　　营业外收入　　　　　　　　　　　　　　　　　　200

9.2.2　银行存款的清查

银行存款没有实物形态，因此其清查方法与库存现金的清查方法不一样，它主要是采用与银行核对账目的方法来进行的。即将本单位登记的"银行存款日记账"与银行送来的"对账单"逐笔进行核对，以查明账实是否相符。

在同银行核对账目以前，应先检查本单位银行存款日记账的正确性和完整性，然后再与银行送来的对账单逐笔核对。若发现错误是属于企业方面的，企业应立即改正；属于银行方面的错误，就应该通知银行改正。

若"银行存款日记账"和"银行对账单"均没有记账错误，却仍存在双方余额不一致的情况，那么很可能是双方存在"未达账项"造成的。所谓"未达账项"，是指企业与银行之间，就同一经济业务的收付，由于取得结算凭证的时间不同导致记账时间不一致，而发生的一方已经记账、另一方尚未记账的款项，具体如图9-6所示。

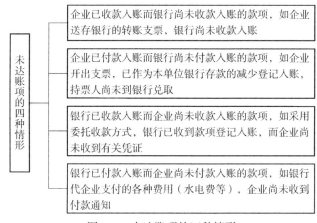

图9-6 未达账项的四种情形

出现上述任何一种情况，都会使企业的银行存款日记账的余额与银行对账单的余额不一致。因此，为减少未达账项对企业和银行双方存款余额的影响，企业在收到银行转来的"银行对账单"时，应该首先将"银行存款日记账"和"银行对账单"逐笔核对，然后通过编制"银行存款余额调节表"（表9-2），对未达账项进行调整。

银行存款余额调节表　　　　　　　　　　表9-2

年　月　日

项目	金额	项目	金额
银行存款日记账余额		银行对账单余额	
加：银行已收，企业未收		加：企业已收，银行未收	
减：银行已付，企业未付		减：企业已付，银行未付	
调节后余额		调节后余额	

"银行存款余额调节表"的编制是以双方账面余额为基础，各自分别加上对方已收款入账而己方尚未入账的数额，减去对方已付款入账而己方尚未入账的数额。通过调整核对，如果发现双方账面余额仍不相符，则可能是一方或双方账簿记录有误，应进一步查明原因，并加以处理。

【例9-3】2009年3月31日，华宇建筑公司银行存款日记账余额为500000元，

银行对账单余额为 486000 元,经逐笔核对,发现未达账项如下:
(1)企业送存的转账支票一张,金额 18000 元,企业已经入账,银行尚未入账;
(2)企业开出转账支票支付款项 2000 元,持票人未到银行兑取;
(3)银行收到企业委托代收的某公司购货款 3000 元,企业未收到收款通知;
(4)银行代企业支付本月水电费 1000 元,银行已经入账,企业未收到付款凭证尚未入账。

可见,该企业期末有 4 笔未达账项:

第 1 笔,企业收到转账支票增加了企业银行存款日记账金额,而银行尚未收到款项,未记入对账单金额,该笔款项属于企业已收、银行未收;

第 2 笔,企业开出转账支票,即已减少银行存款日记账金额,由于持票人尚未兑取,银行并未减少此笔款项,该笔款项属于企业已付、银行未付;

第 3 笔,银行收到企业委托收取的款项,即已增加银行对账单余额,而企业因尚未收到收账通知并未入账,该笔款项属于银行已收、企业未收;

第 4 笔,银行代企业支付本月水电费 1000 元,即已减少银行对账单存款余额,而企业尚未收到付息通知并未入账,该笔款项属于银行已付、企业未付。

根据上述资料编制的"银行存款余额调节表",见表 9-3 所列。

银行存款余额调节表 表 9-3

2009 年 3 月 31 日　　　　　　　　　　　单位:元

项目	金额	项目	金额
银行存款日记账余额	500000	银行对账单余额	486000
加:银行已收,企业未收	3000	加:企业已收,银行未收	18000
减:银行已付,企业未付	1000	减:企业已付,银行未付	2000
调节后余额	502000	调节后余额	502000

需要指出的是,未达账项不是错账、漏账。编制银行存款余额调节表的目的只是为了消除未达账项的影响,确定企业银行存款的实有数,核对企业账簿记录和银行存款实有数有无差错。银行存款余额调节表并不能作为调整账面记录的依据,各个未达账项必须在收到有关结算凭证后才能登记入账;对于长期闲置的未达账项,则应及时查明原因,然后进行处理。

9.2.3 往来款项的清查

往来款项主要包括各种应收账款、应付账款、预收账款、预付账款、其他应收款和其他应付款。各种结算往来款项的清查通常采用与对方核对账目的方法,即"函证核对法",通过函证同对方单位核对账目。

在清查往来款项时,首先应检查本企业的各项结算往来款项是否已登记入账,是否正确完整,然后根据有关明细分类账的记录,按单位编制"往来款项对账单",

通过电函、信函或派人送交等方式，请对方予以核对。

往来款项对账单一般一式两联，一份由对方保存，另一份作为回联单，由对方对账并将对账结果注明后盖章退回，表示已核对；如果发现数额不符，则在回联单上注明不符情况，或另抄一份账单退回，以便进一步清查。

通过往来款项的清查，可以查明双方是否存在有争议的款项，以便及时采取措施，减少或避免损失。"往来款项对账单"的内容，见表9-4所列。

往来款项对账单 表9-4

_____单位：
　　贵单位____年___月___日到我厂购_____产品_____件，款项_____元尚未支付。请核对后将回联单寄回。

　　　　　　　　　　　　　　　　　　　　　　　　　清查单位：（盖章）
　　　　　　　　　　　　　　　　　　　　　　　　　　　年　　月　　日

沿此虚线裁开，将以下回联单寄回！
....

往来款项对账单（回联）

_____清查单位：
　　贵单位寄来的"往来款项对账单"已经收到。经核对后无误。

　　　　　　　　　　　　　　　　　　　　　　　　　单位：（盖章）
　　　　　　　　　　　　　　　　　　　　　　　　　　　年　　月　　日

清查单位应根据对方退回的对账单回联单编制"往来款项清查结果报告单"，其格式见表9-5所列。

往来款项清查结果报告单 表9-5

种类：　　　　　　　　　　　　　　年　月　日　　　　　　　　　　单位：

明细账户	清查结果		差异额及原因说明	
	本企业账面余额	对方账面余额	差异额	差异原因说明

9.2.4 实物资产的清查

实物资产的清查是指对固定资产、材料、在产品、库存商品、半成品等具有实物形态的各种财产物资进行清查和核对。

1. 实物清查

对于各种实物,不仅要从数量上,还要从质量上进行清查。由于各种实物的形态、体积重量、存放方式等不同,它们的清查方法也不一样。

为了明确责任,对实物资产进行盘点时,实物资产的保管人员必须到场。对于盘点的结果,应及时将各项财产物资的数量和质量逐一如实地记录在"盘存单"上,并由参加盘点的人员和实物保管人员同时签章生效。

盘存单是记录盘点结果的证明,也是反映财产物资实存数量的原始凭证。盘存单内的实物编号、名称、计量单位应与账面记录相一致。对于盘点中发现的问题,应及时在盘存单中的备注栏加以说明。盘存单一式三份,一份由清点人员留存备查、一份交实物保管人员保存、一份交财会部门以便对账。其格式见表9-6所列。

盘存单　　　　　　　　　　　表9-6

单位名称:　　　　　　　　　　　　　　　　　　　　　　　　编　号:
财产类别:　　　　　　　　盘点时间:　　　　　　　　　　　存放地点:

编号	名称	计量单位	数量	单价	金额	备注

盘点人(签章):　　　　　　　　　　　　　　　　　　　　　保管人(签章):

盘点结束后,根据盘存单和相应的材料物资账簿的记录填制"实物清查结果报告单"(表9-7,也称为"账存实存对比表")。实物清查结果报告单是调整账簿记录的原始依据,也是分析账存数和实存数发生差异的原因、明确经济责任的原始证明材料。

实物清查结果报告单　　　　　　　　　表9-7

财产类别:　　　　　　　　　年　月　日　　　　　　　　编号:

编号	名称	计量单位	单价	实存		账存		盘盈		盘亏		备注
				数量	金额	数量	金额	数量	金额	数量	金额	

单位负责人(签章):　　　　　　　　　　　　　　　　　　　填表人(签章):

2. 实物清查的账务处理

（1）存货盘盈

企业盘盈的存货，以其市价或同类、类似存货的市场价格作为实际成本，借记"原材料"等科目，贷记"管理费用"科目。

【例9-4】华宇建筑公司在盘点中，盘盈材料一批，其市场价格为30000元。根据上述经济业务，编制会计分录如下：

借：原材料	30000
贷：管理费用	30000

（2）存货盘亏

企业盘亏或毁损的存货，应按残料价值，借记"原材料"等科目；对于应由保险公司和过失人支付的赔款，借记"其他应收款"科目；扣除残料价值和应由保险公司、过失人赔款后的净损失，属于一般经营损失的部分，借记"管理费用"科目；属于非常损失的部分，借记"营运外支出——非常损失"科目；按其相关成本，贷记"原材料"、"库存商品"等相关科目；按不可抵扣的增值税进项税额，贷记"应交税费——应交增值税（进项税额转出）"科目。

【例9-5】华宇建筑公司在盘点中，盘亏外购材料一批，其账面余额为30000元，应转出的增值税进项税额为5100元。经查明属于一般经营损失。根据上述经济业务，编制会计分录如下：

借：管理费用	35100
贷：原材料	30000
应交税费——应交增值税（进项税额转出）	5100

【例9-6】华宇建筑公司在盘点中，发现毁损产品一批，其账面余额为4000元。后经查明是由仓库管理员的过失所造成的，按规定应由其赔偿3000元，残料已经办理入库手续，价值500元，其余经批准计入管理费用。根据上述经济业务，编制会计分录如下：

借：原材料	500
其他应收款——×××	3000
管理费用	500
贷：库存商品	4000

【例9-7】华宇建筑公司因洪水灾害造成一批库存材料毁损，其实际成本为20000元。根据保险责任范围和保险合同规定，应由保险公司赔偿15000元。根据上述经济业务，编制会计分录如下：

借：其他应收款——××保险公司	15000
营业外支出——非常损失	5000
贷：原材料	20000

（3）固定资产盘盈

盘盈的固定资产按其市价或同类、类似固定资产的市场价格，减去按该项资产的新旧程度估计的价值损耗后的余额作为其成本，借记"固定资产"科目，贷记"营业外收入"科目。

【例9-8】年末,华宇建筑公司进行盘点,发现没有入账的八成新设备一台,其市场价格为30000元。根据上述经济业务,编制会计分录如下:

该固定资产入账价值＝30000×80%＝24000元

 借:固定资产   24000

  贷:营业外收入——固定资产盘盈   24000

(4)固定资产盘亏

盘亏的固定资产按其账面净值,借记"营业外支出"科目;按已提折旧,借记"累计折旧"科目;按固定资产原价,贷记"固定资产"科目。

【例9-9】企业在财产清查中发现盘亏机器设备一台。该设备原价30000元,已提折旧22000元。根据上述经济业务,编制会计分录如下:

 借:营业外支出——固定资产盘亏   8000

  累计折旧   22000

  贷:固定资产   30000

1.什么是财产清查?财产清查的种类有哪些?

2.什么叫未达账项?有哪些情况会发生未达账项?

☆单项选择题

1.财产清查是指通过盘点或核对,查明(　　)是否相符的一种专门方法。

 A.证证   B.账证   C.账账   D.账实

2.现金清查中,无法查明原因的溢余,应记入(　　)账户核算。

 A.管理费用   B.其他应收款

 C.其他应付款   D.营业外收入

3.现金清查中无法查明原因的短款,经批准后计入(　　)。

 A.管理费用   B.财务费用

 C.其他应收款   D.营业外支出

4.库存商品因管理不善盘亏,经批准后计入(　　)。

 A.管理费用   B.营业外支出

 C.库存商品   D.待处理财产损溢

5.下列选项中属于实物资产清查范围的是(　　)。

 A.现金   B.应收账款   C.有价证券   D.存货

6.在财产清查中填制的"现金盘点报告表"是(　　)。

 A.调整账面记录的原始凭证 B.调整账面记录的记账凭证

 C.登记总分类账的直接依据 D.登记日记账的直接依据

7. 由于非正常损失导致存货盘亏，经批准后计入（　　）。
   A. 管理费用　　　　　　　　B. 财务费用
   C. 营业外支出　　　　　　　D. 坏账损失

8. 下列情况中需要进行全面财产清查的是（　　）。
   A. 月末结算　　　　　　　　B. 年终决算
   C. 更换现金出纳人员　　　　D. 更换财产物资保管人员

9. 由于本单位与银行取得有关凭证的时间不同，而发生的一方已经取得凭证登记入账，另一方由于未取得凭证尚未入账的款项是（　　）。
   A. 应收款项　　　　　　　　B. 应付款项
   C. 其他应收款　　　　　　　D. 未达账项

10. 对未达账项应通过编制（　　）进行检查核对。
    A. 现金盘点报告表　　　　　B. 银行存款余额调节表
    C. 实存账存对比表　　　　　D. 盘存单

☆ 多项选择题

1. 财产清查按范围可分为（　　）。
   A. 全面清查　　B. 定期清查　　C. 局部清查　　D. 不定期清查

2. 下列情况中，需要进行全面财产清查的有（　　）。
   A. 年终决算之前，要进行全面清查
   B. 单位撤销、合并或改变隶属关系前，要进行全面清查
   C. 中外合资、国内合资前，要进行全面清查
   D. 单位主要领导调离工作前，要进行全面清查

3. 全面清查的对象主要有（　　）。
   A. 企业的现金、银行存款和其他货币资金
   B. 企业的固定资产、存货（原材料、库存商品、在产品、低值易耗品等）和工程物资
   C. 企业的各项往来款项、对外投资
   D. 因不同目的存放在企业之外的财产物资

4. 不定期清查的情况包括（　　）。
   A. 更换财产物资保管人员时，要对其所保管的财产物资进行清查
   B. 更换现金出纳人员时，要对其所保管的现金进行清查
   C. 发生自然灾害和意外损失时，要对损失的有关财产进行清查
   D. 审计部门等对本单位进行临时检查时，要进行不定期清查

5. 财产清查的结果一般有（　　）。
   A. 账实相符　　　　　　　　B. 账存数小于实存数
   C. 账存数大于实存数　　　　D. 账账相符

6. 财产清查按清查时间可以分为（　　）。
   A. 全面清查　　B. 局部清查　　C. 定期清查　　D. 不定期清查

7. 银行存款日记账余额与银行对账单余额不一致的原因有（　　）。

A. 存在未达账项　　　　　　B. 企业记账有错误
C. 双方记账均有错　　　　　D. 银行记账错误
8. 银行存款的清查，须将（　　）进行相互逐笔核对。
A. 银行存款总账　　　　　　B. 银行对账单
C. 银行存款日记账　　　　　D. 支票登记簿
9. 造成账实不符的原因包括（　　）。
A. 储存中发生自然损耗　　　B. 财产物资被贪污
C. 财产物资收发计量错误　　D. 账簿重记

☆**判断题**

1. 各单位应建立健全财产清查制度，定期或不定期、全面或部分地对库存现金、银行存款、债权债务进行清查核实，对各项财产物资进行实地盘点。（　　）
2. 通过财产清查，可以确定各项财产的实存数，查明账账不符的原因，保证会计资料的真实性与完整性。（　　）
3. 盘点现金时，出纳人员必须在场。（　　）
4. 现金盘点报告表既可作为调整账簿记录的原始凭证，也是明确有关人员经济责任的重要依据。（　　）
5. 对各项实物资产的盘点结果，应如实填制盘存单，并同账面余额记录核对，确认盘盈、盘亏数，填制实存账存对比表，作为调整账面记录的原始凭证。（　　）
6. 不定期清查，可以是全面清查，也可以是局部清查。（　　）
7. 财产清查如果账实不符，说明记账肯定出现了差错。（　　）
8. 盘点实物时，发现其账面数大于实存数，即为盘盈。（　　）
9. 银行存款日记账账面余额与银行对账单余额不一致，则说明企业与银行之间必定存在记账错误。（　　）
10. 财产清查就是对各项财产物资进行定期的盘点和核对。（　　）
11. 现金清查结束后，应填写"现金盘点报告表"。（　　）
12. 银行存款余额调节表是调整银行存款账面余额的原始凭证。（　　）

练一练

练习一

1. 目的

练习未达账项的调整。

2. 资料

2008年3月31日，某建筑企业银行存款日记账余额为805000元，银行对账单余额为803900元，经逐笔核对，发现未达账项如下：

（1）企业送存转账支票2000元，企业已经入账增加银行存款，开户银行尚未入账。

（2）企业开出的现金支票一张，面额9300元，企业已经入账减少银行存款，开户银行尚未入账。

（3）银行收到企业委托代收的某公司购货款1000元，企业未收到收款通知。

（4）银行已扣掉企业应付的借款利息9 400元，企业尚未收到付息通知。

3. 要求

根据以上资料编制"银行存款余额调节表"，并计算该建筑企业月末调节后的银行存款余额。

练习二

1. 目的

练习财产清查的账务处理。

2. 资料

某建筑企业期末财产清查发现以下问题：

（1）现金短款500元，其中200元系出纳人员张仪工作失误造成，应由其赔偿，其余300元无法查明原因。

（2）盘亏外购材料一批，其账面余额为50000元，应转出的增值税进项税额为8500元。经查明属于一般经营损失。

（3）发现毁损产品一批，其账面余额为10000元。后经查明是由仓库管理员的过失造成的，按规定应由其赔偿3000元，残料已经办理入库手续，价值2 500元，其余经批准计入管理费用。

（4）账外搅拌机一台，估计原价30000元，七成新。

（5）盘亏机器设备一台，原价50000元，已提折旧38000元。

3. 要求

根据上述资料编制会计分录。

任务 10

阅读财务会计报告

任务 10.1 认识财务会计报告

◆学习目标
1. 了解财务会计报告的概念、构成、作用
2. 了解会计报表的结构、分类、编制要求

10.1.1 财务会计报告概述

1. 财务会计报告的概念

财务会计报告是企业对外提供的反映建筑企业某一特定日期的财务状况和某一会计期间的经营成果、现金流量等会计信息的书面文件。

财务会计报告是会计信息的载体,是财务会计确认和计量的最终成果,是企业向外部会计信息使用者提供会计信息的主要方法。编制财务会计报告,是对单位会计核算工作的全面总结,也是及时提供真实、完整会计资料的重要环节。

2. 财务会计报告的构成

财务会计报告分为年度和中期财务会计报告。中期财务会计报告是指以中期为基础编制的财务报告,中期是指短于一个完整的会计年度的报告期间(如半年度、季度、月度)。

财务会计报告包括会计报表、会计报表附注、其他应当在财务会计报告中披露的相关信息和资料三个部分。其中会计报表是财务会计报告的核心内容，最有用、最重要的会计信息是由会计报表提供的。

（1）会计报表

会计报表是以会计账簿记录和有关资料为依据，按照规定的报表格式，全面、系统地反映建筑企业财务状况、经营成果和现金流量的一种报告文件。建筑企业的财务报表应当包括资产负债表、利润表、现金流量表、所有者权益（或股东权益）变动表及附注五个部分。

（2）会计报表附注

会计报表附注是对在资产负债表、利润表、现金流量表等报表中所列项目的文字描述或明细资料，以及未能在这些报表中列示项目的说明等。

（3）其他应当在财务会计报告中披露的相关信息和资料

除了财务报表及附注披露的内容外，财务会计报告还包括其他应当在财务会计报告中披露的相关信息和资料，如财务情况说明书。财务情况说明书是对企业一定期间经济活动进行分析总结的文字报告。它是在财务报表的基础上，对于企业财务状况、经营成果、资金周转情况及其发展前景所作的总括说明。如对企业的生产经营基本情况、利润实现和分配情况、资金增减和周转情况等影响企业财务状况、经营成果和现金流量状况的重大事项作出的说明等。

3. 财务会计报告的目标（作用）

财务会计报告的目标是向财务会计报告使用者提供与企业财务状况、经营成果和现金流量等有关的会计信息，反映企业管理层受托责任履行情况，有助于财务会计报告使用者作出经济决策。财务会计报告使用者包括投资者、债权人、政府及有关部门和社会公众等。

投资者主要关注投资的内在风险和投资报酬。在投资前，需要了解企业的财务信息，以便作出正确的投资决策；投资后，需要了解资金的使用状况以及投资报酬等情况。

债权人主要关注企业的偿债能力，以确定其债权及收益是否安全。商业信贷和商业信用在企业生产经营过程中的作用非常重要。债权人主要包括银行、非银行金融机构、企业法人等。

政府及相关机构主要关注的是国家资源的分配及运用情况，需要了解与经济政策（如税收政策）的制定、国民收入的统计等方面有关的信息。政府行政管理部门可以通过财务会计报告，了解企业资金使用情况、成本计算情况、利润形成和分析情况以及税费的计算和解缴情况，检查企业财经法规的遵守情况等。

社会公众（包括企业潜在的投资者或债权人）主要关注企业（特别是上市公司）的发展情况，以确定是否投资等。

此外，企业管理人员主要关注企业财务状况的好坏、经营成果的大小以及现金流动情况等。企业职工主要关注的是本企业的发展好坏、劳动报酬和职工福利等方面的资料。

10.1.2 会计报表概述

1. 会计报表的概念

在实际工作中，人们往往将财务会计报告和会计报表混为一谈，其实，会计报表是财务会计报告的主体组成部分。

会计报表是以日常核算资料为主要依据编制的，用来集中反映各单位一定时期的财务状况、经营成果以及成本应用情况的一系列表式报告。按照我国当前法规的规定，会计报表是指资产负债表、利润表、现金流量表和会计报表附注以及相关附表。

2. 会计报表的作用

会计报表就像一面镜子，从中可以看到各单位的财务状况和经营全貌，为实施经营管理和进行相关决策提供了丰富的会计信息。

具体来说，会计报表的作用主要表现在以下几个方面：

（1）为各单位的投资者和债权人进行投资决策、了解各单位财务状况，提供必要的信息资料。

（2）为各单位内部的经营管理者和员工进行日常的经营管理，提供必要的信息资料。

（3）为财政、工商、税务等行政管理部门提供实施管理和监督的信息资料。

3. 会计报表的结构

会计报表作为一种商业语言，是通过各个会计要素和项目，用特定的排列和组合，以特有的逻辑关系来披露财务信息的。只有熟悉会计报表的基本框架，理解各个会计要素的内在联系，才能顺利地编出或读懂会计报表，掌握会计报表所提供的信息。

就一张会计报表而言，它的基本结构是由三部分构成的：

（1）表头部分

表头部分主要展示报表的名称、编号、编制单位、编制日期、金额、计量单位等。

（2）主体部分

主体部分是报表的核心和主干，会计报表基本是通过这一部分来总括地表述单位的财务状况和经营成果的。

（3）补充资料部分

补充资料部分也是报表的重要组成部分，一般列在报表的下端，所提供的是使用者需要了解但在基本部分内无法反映或难以单独反映的一些资料，如期末库存商品余额、已贴现的商业承兑汇票金额等。

4. 会计报表的分类

（1）按反映的经济内容划分

可分为资产负债表、利润表、现金流量表、所有者权益变动表等。

（2）按编制的时间划分

可分为年度报表和中期报表，中期报表又分为月报、季报和半年度报表。

（3）按报送的对象划分

可分为对外财务报表和对内财务报表。

（4）按编制单位划分

可分为单位报表、汇总报表、合并报表。

5. 会计报表的编制要求

为了保证会计报表的质量，充分发挥其作用，我国《企业会计准则》规定了编制会计报表的基本要求："会计报表应按登记完整、核对无误的账簿记录和其他有关资料编制，做到数字真实、计算准确、内容完整、报送及时。"

（1）数字真实、计算准确

会计报表提供的数据必须客观、真实，能够真实、准确地反映企业的财务状况和经营成果，所以会计报表中各项目的数字必须以核对无误的账簿记录和其他资料填写，不得用预计数字、估计数字代替真实数字，更不得弄虚作假，伪造报表数字，同时还要对会计报表中各项目的金额采用正确的计算方法，确保计算结果的准确。

（2）内容完整

会计报表所提供的会计信息的内容必须全面、系统地反映出企业经营活动的全部情况，为此要求企业必须按规定的报表种类、格式和内容来编制，不得漏编、漏报，对不同会计期间应编报的各种会计报表，都必须填列完整；同时要求企业在每种会计报表中应填写的各项指标，不论是表内项目还是表外补充资料，都必须填列齐全，对某些不便列入报表的重要资料，应在括号内说明或以附注等形式加以说明。

（3）报送及时

时效性是会计信息的一大特征，如果会计信息的报告期被不适当地拖延，即使是最真实最完整的会计报表也将失去其效用。所以，会计报表必须按照规定的期限和程序，及时编制、及时报送。

根据我国会计制度规定：月份会计报表应于月份终了后6天内报出；季度会计报表应于季度终了后15天内报出；中期会计报表应于年度中期结束后60天内报出；年度会计报表应于年度终了后4个月内报出。法律、法规另有规定者，从其规定。

为了保证会计报表及时报送，各企业应当科学地组织好日常核算工作，认真做好记账、算账、对账和按期结账等工作。

企业对外提供的财务会计报告应当依次编定页数，加具封面，装订成册，加盖公章。封面上应当注明：企业名称、企业统一代码、组织形式、地址、报表所属年度或月份、报出日期，并由企业负责人和主管会计工作的负责人、会计主管人员签名并盖章，设置总会计师的企业，还应当由总会计师签章。

任务 10.2　如何阅读资产负债表

◆学习目标
1. 了解资产负债表的结构和内容
2. 能根据资产负债表获取相应信息

10.2.1　资产负债表的概念

资产负债表是反映建筑企业在某一特定日期（月末、季末或年末）财务状况的报表。编制的理论依据是"资产＝负债＋所有者权益"这一会计平衡公式。它表明了建筑企业在某一特定日期所拥有或控制的经济资源、所承担的现时义务和所有者对净资产的要求权。

10.2.2　资产负债表的作用

资产负债表是一张静态报表，能从整体上反映一个企业的实力及其财务状况，是进行财务分析的重要会计报表，因而被称为企业的"第一会计报表"。会计报表使用者通过阅读和分析资产负债表，可以获得资金结构、资产流动性、资金来源情况、负债水平以及负债结构等财务信息。一般具有以下作用：

（1）它反映企业所掌握的资产规模及其分布情况，能够帮助决策者了解企业的经济实力，评价企业的资产结构。

（2）它反映企业的流动资产与流动负债的关系，能够帮助决策者了解企业的短期偿债能力。

（3）它反映企业资金来源的构成，能够帮助决策者了解企业的财务风险和长期偿债能力，评价企业的资本结构。

（4）它反映企业财务结构的优劣和负债经营的合理程度，能够帮助决策者预测企业未来的财务状况和财务安全程度，评价企业的经营绩效。

10.2.3　资产负债表的内容和结构

1. 资产负债表的内容

资产负债表主要反映资产、负债和所有者权益三方面的内容，其编制的理论依据是"资产＝负债＋所有者权益"这一会计平衡公式。

资产负债表的表内项目的设置、分类和列示方法是按照相关性、重要性和明晰性等会计核算原则设计的。资产按其流动性的大小依次排列，负债按其偿还期的长短排列，所有者权益按其稳定性（永久性）的大小顺序排列。另外，为了分析企业的财务状况的变化趋势，资产负债表中还列示了资产、负债、所有者权益的"期末数余额"同"年初数余额"相比较的变动情况。这种设置、分类和列示方法，比较清楚地反映资产、负债、所有者权益的结构和资产的流动性、变化性，便于分析企业的偿债能力和财务状况，预测企业的经营前景。

2. 资产负债表的结构（格式）

资产负债表的格式主要有账户式和报告式两种。

（1）账户式结构是将资产项目排列在表的左方，负债及所有者权益项目排在表的右方，使资产负债表左右双方项目总计金额相等，体现了资产和权益之间的平衡关系。

（2）报告式结构。资产项目、负债和所有者权益项目采用垂直分列的形式排列于表格上下两段，上段排列企业控制的全部资产，下段排列企业全部负债和所有者权益，上下两段各项目总计金额相等。也称垂直式资产负债表。

依据我国《企业会计制度》的规定，企业的资产负债表一般采用账户式结构。其格式见表10-1所列。

资产负债表　　　　　　　　　　　　　　表10-1

会企01表

编制单位：　　　　　　　　　年　月　日　　　　　　　　单位：元

资产	期末余额	年初余额	负债和所有者权益（或股东权益）	期末余额	年初余额
流动资产：			流动负债：		
货币资金			短期借款		
交易性金融资产			交易性金融负债		
应收票据			应付票据		
应收账款			应付账款		
预付款项			预收款项		
应收利息			应付职工薪酬		
应收股利			应交税费		
其他应收款			应付利息		
存货			应付股利		
一年内到期的非流动资产			其他应付款		
其他流动资产			一年内到期的非流动负债		
流动资产合计			其他流动负债		
非流动资产：			流动负债合计		
可供出售金融资产			非流动负债：		
持有至到期投资			长期借款		

续表

资产	期末余额	年初余额	负债和所有者权益（或股东权益）	期末余额	年初余额
长期应收款			应付债券		
长期股权投资			长期应付款		
投资性房地产			专项应付款		
固定资产			预计负债		
在建工程			递延所得税负债		
工程物资			其他非流动负债		
固定资产清理			非流动负债合计		
生产性生物资产			负债合计		
油气资产			所有者权益（或股东权益）：		
无形资产			实收资本（或股本）		
开发支出			资本公积		
商誉			减：库存股		
长期待摊费用			盈余公积		
递延所得税资产			未分配利润		
其他非流动资产			所有者权益（或股东权益）合计		
非流动资产合计			—		
资产总计			负债和所有者权益（或股东权益）总计		

10.2.4 资产负债表的填列方法

1. "年初余额"的填列方法

"年初余额"栏内各项目数字，应根据上年年末资产负债表"期末余额"栏内所列数字填列。如果本年度资产负债表规定的各个项目的名称和内容同上年度不一致，应对上年年末资产负债表各项目的名称和数字按本年度的规定进行调整，按调整后的数字填入本年度资产负债表"年初余额"栏内。

2. "期末余额"的填列方法

（1）直接根据总账科目的余额填列

例如，交易性金融资产、固定资产清理、长期待摊费用、递延所得税资产、短期借款、交易性金融负债、应付票据、应付职工薪酬、应交税费、应付利息、应付股利、其他应付款、递延所得税负债、实收资本、资本公积、库存股、盈余公积等项目，应当根据相关总账科目的余额直接填列。

（2）根据几个总账科目的余额计算填列

例如，"货币资金"项目，应当根据"库存现金"、"银行存款"、"其他货币资金"等科目期末余额合计填列。

（3）根据有关明细科目的余额计算填列

例如，"应付账款"项目，应当根据"应付账款"、"预收账款"等科目所属明细科目期末贷方余额合计填列。

（4）根据总账科目和明细科目的余额分析计算填列

例如，"长期应收款"项目，应当根据"长期应收款"总账科目余额，减去"未实现融资收益"总账科目余额，再减去所属相关明细科目中将于一年内到期的部分填列；"长期借款"项目，应当根据"长期借款"总账科目余额扣除"长期借款"科目所属明细科目中将于一年内到期的部分填列；"应付债券"项目，应当根据"应付债券"总账科目余额扣除"应付债券"科目所属明细科目中将于一年内到期的部分填列；"长期应付款"项目，应当根据"长期应付款"总账科目余额，减去"未确认融资费用"总账科目余额，再减去所属相关明细科目中将于一年内到期的部分填列。

（5）根据总账科目与其备抵科目抵消后的净额填列

例如，"存货"项目，应当根据"原材料"、"库存商品"、"发出商品"、"周转材料"等科目期末余额，减去"存货跌价准备"科目期末余额后的金额填列；"持有至到期投资"项目，应当根据"持有至到期投资"科目期末余额，减去"持有至到期投资减值准备"科目期末余额后的金额填列；"固定资产"项目，应当根据"固定资产"科目期末余额，减去"累计折旧"、"固定资产减值准备"等科目期末余额后的金额填列。

10.2.5 资产负债表项目的填列说明

资产负债表中资产、负债和所有者权益主要项目的填列说明如下：

1. 资产项目的填列说明

（1）"货币资金"项目，反映企业库存现金、银行结算户存款、外埠存款、银行汇票存款、银行本票存款、信用卡存款、信用证保证金存款等的合计数。

本项目应根据"库存现金"、"银行存款"、"其他货币资金"科目期末余额的合计数填列。

（2）"交易性金融资产"项目，反映企业持有的以公允价值计量且其变动计入当期损益为交易目的所持有的债券投资、股票投资、基金投资、权证投资等金融资产。

本项目应当根据"交易性金融资产"科目的期末余额填列。

（3）"应收票据"项目，反映企业因销售商品、提供劳务等而收到的商业汇票，包括银行承兑汇票和商业承兑汇票。

本项目应根据"应收票据"科目的期末余额，减去"坏账准备"科目中有关应收票据计提的坏账准备期末余额后的金额填列。

（4）"应收账款"项目，反映企业因销售商品、提供劳务等经营活动应收取的款项。

本项目应根据"应收账款"和"预收账款"科目所属各明细科目的期末借方余额合计减去"坏账准备"科目中有关应收账款计提的坏账准备期末余额后的金额填列。如"应收账款"科目所属明细科目期末有贷方余额的，应在本表"预收款项"项目内填列。

（5）"预付款项"项目，反映企业按照购货合同规定预付给供应单位的款项等。

本项目应根据"预付账款"和"应付账款"科目所属各明细科目的期末借方余额合计数，减去"坏账准备"科目中有关预付款项计提的坏账准备期末余额后的金额填列。如"预付账款"科目所属各明细科目期末有贷方余额的，应在资产负债表"应付账款"项目内填列。

（6）"应收利息"项目，反映企业应收取的债券投资等的利息。

本项目应根据"应收利息"科目的期末余额，减去"坏账准备"科目中有关应收利息计提的坏账准备期末余额后的金额填列。

（7）"应收股利"项目，反映企业应收取的现金股利和应收取其他单位分配的利润。

本项目应根据"应收股利"科目的期末余额，减去"坏账准备"科目中有关应收股利计提的坏账准备期末余额后的金额填列。

（8）"其他应收款"项目，反映企业除应收票据、应收账款、预付账款、应收股利、应收利息等经营活动外其他各种应收、暂付款项。

本项目应根据"其他应收款"科目的期末余额，减去"坏账准备"科目中有关其他应收款计提的坏账准备期末余额后的金额填列。

（9）"存货"项目，反映企业期末在库、在途和在加工中的各种存货的可变现净值。

本项目应根据"材料采购"、"原材料"、"低值易耗品"、"库存商品"、"周转材料"、"委托加工物资"、"委托代销商品"、"生产成本"等科目的期末余额合计，减去"受托代销商品款"、"存货跌价准备"科目期末余额后的金额填列。材料采用计划成本核算以及库存商品采用计划成本核算或售价核算的企业，还应按加或减材料成本差异、商品进销差价后的金额填列。

（10）"一年内到期的非流动资产"项目，反映企业将于一年内到期的非流动资产项目金额。

本项目应根据有关科目的期末余额填列。

（11）"长期股权投资"项目，反映企业持有的对子公司、联营企业和合营企业的长期股权投资。

本项目应根据"长期股权投资"科目的期末余额，减去"长期股权投资减值准备"科目的期末余额后的金额填列。

（12）"固定资产"项目，反映企业各种固定资产原价减去"累计折旧"和累计减值准备后的净额。

本项目应根据"固定资产"科目的期末余额，减去"累计折旧"和"固定资产减值准备"科目期末余额后的金额填列。

（13）"在建工程"项目，反映企业期末各项未完工程的实际支出，包括交付安装的设备价值、未完建筑安装工程已经耗用的材料、工资和费用支出、预付分包工程的价款等的可收回金额。

本项目应根据"在建工程"科目的期末余额，减去"在建工程减值准备"科目期末余额后的金额填列。

（14）"工程物资"项目，反映企业尚未使用的各项工程物资的实际成本。

本项目应根据"工程物资"科目的期末余额填列。

（15）"固定资产清理"项目，反映企业因出售、毁损、报废等原因转入清理但尚未清理完毕的固定资产的净值，以及固定资产清理过程中所发生的清理费用和变价收入等各项金额的差额。

本项目应根据"固定资产清理"科目的期末借方余额填列，如"固定资产清理"科目期末为贷方余额，以"-"号填列。

（16）"无形资产"项目，反映企业持有的无形资产，包括专利权、非专利技术、商标权、著作权、土地使用权等。

本项目应根据"无形资产"的期末余额，减去"累计摊销"和"无形资产减值准备"科目期末余额后的金额填列。

（17）"开发支出"项目，反映企业开发无形资产过程中能够资本化形成无形资产成本的支出部分。

本项目应当根据"研发支出"科目中所属的"资本化支出"明细科目期末余额填列。

（18）"长期待摊费用"项目，反映企业已经发生但应由本期和以后各期负担的分摊期限在一年以上的各项费用。长期待摊费用中在一年内（含一年）摊销的部分，在资产负债表"一年内到期的非流动资产"项目中填列。

本项目应根据"长期待摊费用"科目的期末余额减去将于一年内（含一年）摊销的数额后的金额填列。

（19）"其他非流动资产"项目，反映企业除长期股权投资、固定资产、在建工程、工程物资、无形资产等以外的其他非流动资产。

本项目应根据有关科目的期末余额填列。

2. 负债项目的填列说明

（1）"短期借款"项目，反映企业向银行或其他金融机构等借入的期限在一年以下（含一年）的各种借款。

本项目应根据"短期借款"科目的期末余额填列。

（2）"应付票据"项目，反映企业购买材料、商品和接受劳务供应等而开出、承兑的商业汇票，包括银行承兑汇票和商业承兑汇票。

本项目应根据"应付票据"科目的期末余额填列。

（3）"应付账款"项目，反映企业因购买材料、商品和接受劳务供应等经营活动应支付的款项。

本项目应根据"应付账款"和"预付账款"科目所属各明细科目的期末贷方余额合计数填列。如"应付账款"科目所属明细科目期末有借方余额的，应在资产负债表"预付款项"项目内填列。

（4）"预收款项"项目，反映企业按照购货合同规定预付给供应单位的款项。

本项目应根据"预收账款"和"应收账款"科目所属各明细科目的期末贷方余额合计数填列。如"预收账款"科目所属各明细科目期末有借方余额，应在资产负债表"应收账款"项目内填列。

（5）"应付职工薪酬"项目，反映企业根据有关规定应付给职工的工资、职工福利、社会保险费、住房公积金、工会经费、职工教育经费、非货币性福利、辞退福利等各种薪酬。外商投资企业按规定从净利润中提取的职工奖励及福利基金，也在本项目列示。

（6）"应交税费"项目，反映企业按照税法规定计算应交纳的各种税费，包括增值税、消费税、营业税、所得税、资源税、土地增值税、城市维护建设税、房产税、土地使用税、车船使用税、教育费附加、矿产资源补偿费等。企业代扣代交的个人所得税，也通过本项目列示。企业所交纳的税金不需要预计应交数的，如印花税、耕地占用税等，不在本项目列示。

本项目应根据"应交税费"科目的期末贷方余额填列，如"应交税费"科目期末为借方余额，应以"–"号填列。

（7）"应付利息"项目，反映企业按照规定应当支付的利息，包括分期付息到期还本的长期借款应支付的利息、企业发行的企业债券应支付的利息等。本项目应当根据"应付利息"科目的期末余额填列。

（8）"应付股利"项目，反映企业分配的现金股利或利润。企业分配的股票股利，不通过本项目列示。

本项目应根据"应付股利"科目的期末余额填列。

（9）"其他应付款"项目，反映企业除应付票据、应付账款、预收款项、应付职工薪酬、应付股利、应付利息、应交税费等经营活动以外的其他各项应付、暂收的款项。本项目应根据"其他应付款"科目的期末余额填列。

（10）"一年内到期的非流动负债"项目，反映非流动负债中将于资产负债表日后一年内到期部分的金额，如将于一年内偿还的长期借款。

本项目应根据有关科目的期末余额填列。

（11）"长期借款"项目，反映企业向银行或其他金融机构借入的期限在一年以上（不含一年）的各项借款。

本项目应根据"长期借款"科目的期末余额填列。

（12）"应付债券"项目，反映企业为筹集长期资金而发行的债券本金和利息。本项目应根据"应付债券"科目的期末余额填列。

（13）"其他非流动负债"项目，反映企业除"长期借款"、"应付债券"等项目以外的其他非流动负债。

本项目应根据有关科目的期末余额填列。其他非流动负债项目应根据有关科日期末余额减去将于一年内（含一年）到期偿还数后的余额填列。非流动负债各项目中将于一年内（含一年）到期的非流动负债,应在"一年内到期的非流动负债"项目内单独反映。

3. 所有者权益项目的填列说明

（1）"实收资本（或股本）"项目,反映企业各投资者实际投入的资本（或股本）总额。

本项目应根据"实收资本"（或"股本"）科目的期末余额填列。

（2）"资本公积"项目,反映企业资本公积的期末余额。

本项目应根据"资本公积"科目的期末余额填列。

（3）"盈余公积"项目,反映企业盈余公积的期末余额。

本项目应根据"盈余公积"科目的期末余额填列。

（4）"未分配利润"项目,反映企业尚未分配的利润。

本项目应根据"本年利润"科目和"利润分配"科目的余额计算填列。未弥补的亏损在本项目内以"-"号填列。

10.2.6 资产负债表编制示例

华宇建筑公司 2007 年 12 月 31 日的资产负债表（年初余额略）及 2008 年 12 月 31 日的科目余额表,分别见表 10-2 和表 10-3 所列。

资产负债表　　　　　　　　　　　　　　　表 10-2

会企 01 表

编制单位：华宇建筑公司　　　2007 年 12 月 31 日　　　　　　单位：元

资产	期末余额	年初余额	负债和股东权益	期末余额	年初余额
流动资产：			流动负债：		
货币资金	703150		短期借款	150000	
交易性金融资产	7500		交易性金融负债	0	
应收票据	123000		应付票据	100000	
应收账款	149550		应付账款	476900	
预付款项	50000		预收款项	0	
应收利息	0		应付职工薪酬	55000	
应收股利	0		应交税费	18300	
其他应收款	2500		应付利息	500	
存货	1290000		应付股利	0	
一年内到期的非流动资产	0		其他应付款	25000	
其他流动资产	50000		一年内到期的非流动负债	500000	
流动资产合计	2375700		其他流动负债	0	
非流动资产：			流动负债合计	1325700	
可供出售金融资产	0		非流动负债：		

续表

资产	期末余额	年初余额	负债和股东权益	期末余额	年初余额
持有至到期投资	0		长期借款	400000	
长期应收款	0		应付债券	0	
长期股权投资	125000		长期应付款	0	
投资性房地产	0		专项应付款	0	
固定资产	550000		预计负债	0	
在建工程	750000		递延所得税负债	0	
工程物资	0		其他非流动负债	0	
固定资产清理	0		非流动负债合计	400000	
生产性生物资产	0		负债合计	1725700	
油气资产	0		股东权益：		
无形资产	300000		股本	2500000	
开发支出	0		资本公积	0	
商誉	0		减：库存股	0	
长期待摊费用	100000		盈余公积	50000	
递延所得税资产	0		未分配利润	25000	
其他非流动资产	100000		股东权益合计	2575000	
非流动资产合计	1925000				
资产总计	4300700		负债和股东权益总计	4300700	

总账科目及明细科目余额表　　　　表 10-3

2008 年 12 月 31 日　　　　单位：元

会计科目名称	期末余额 借方	期末余额 贷方	会计科目名称	期末余额 借方	期末余额 贷方
库存现金	1000		短期借款		25000
银行存款	393067		应付票据		50000
其他货币资金	3650		应付账款		476900
交易性金融资产	0		其他应付款		25000
应收票据	33000		应付职工薪酬		90000
应收账款	300000		应交税费		113365.50
坏账准备		900	应付利息		0
预付账款	50000		应付股利		16107.93
其他应收款	2500		一年内到期的非流动负债		0
材料采购	137500		长期借款		660000
原材料	22500		股本		2500000

续表

会计科目名称	期末余额 借方	期末余额 贷方	会计科目名称	期末余额 借方	期末余额 贷方
周转材料	19025		盈余公积		62385.20
工程施工	1061200		利润分配（未分配利润）		95358.87
材料成本差异	2125				
其他流动资产	45000				
长期股权投资	125000				
固定资产	1200500				
累计折旧		85000			
固定资产减值准备		15000			
工程物资	75000				
在建工程	289000				
无形资产	300000				
累计摊销		30000			
长期待摊费用	80000				
递延所得税资产	4950				
其他非流动资产	100000				
合计	4245017.50	130900	合计		4114117.50

根据已知资料编制华宇建筑公司2008年度的资产负债表，见表10-4所列。

资产负债表　　　　　　　　　　　　　　表10-4

会企01表

编制单位：华宇建筑公司　　　　2008年12月31日　　　　单位：元

资产	期末余额	年初余额	负债和股东权益	期末余额	年初余额
流动资产：			流动负债：		
货币资金	397717.50	703150	短期借款	25000	150000
交易性金融资产	0	7500	交易性金融负债	0	0
应收票据	33000	123000	应付票据	50000	100000
应收账款	299100	149550	应付账款	476900	476900
预付款项	50000	50000	预收款项	0	0
应收利息	0	0	应付职工薪酬	90000	55000
应收股利	0	0	应交税费	113365.50	18300
其他应收款	2500	2500	应付利息	0	500
存货	1242350	1290000	应付股利	16107.93	0

续表

资产	期末余额	年初余额	负债和股东权益	期末余额	年初余额
一年内到期的非流动资产	0	0	其他应付款	25000	25000
其他流动资产	45000	50000	一年内到期的非流动负债	0	500000
流动资产合计	2069667.50	2375700	其他流动负债	0	0
非流动资产：			流动负债合计	796373.43	1325700
可供出售金融资产	0	0	非流动负债：		
持有至到期投资	0	0	长期借款	660000	400000
长期应收款	0	0	应付债券	0	0
长期股权投资	125000	125000	长期应付款	0	0
投资性房地产	0	0	专项应付款	0	0
固定资产	1100500	550000	预计负债	0	0
在建工程	289000	750000	递延所得税负债	0	0
工程物资	75000	0	其他非流动负债	0	0
固定资产清理	0	0	非流动负债合计	660000	3000000
生产性生物资产	0	0	负债合计	1456373.43	1625700
油气资产			股东权益：		
无形资产	270000	300000	股本	2500000	2500000
开发支出	0	0	资本公积	0	
商誉	0	0	减：库存股	0	0
长期待摊费用	80000	100000	盈余公积	62385.20	50000
递延所得税资产	4950	0	未分配利润	95358.87	25000
其他非流动资产	100000	100000	股东权益合计	2657744.07	2575000
非流动资产合计	2044450	1925000			
资产总计	4114117.50	4300700	负债和股东权益总计	4114117.50	4300700

任务 10.3 如何阅读利润表

◆学习目标
1. 了解利润表的结构和内容
2. 能根据利润表获取相应信息

10.3.1 利润表的概念

利润表是反映企业在一定会计期间的经营成果的会计报表。它以"利润=收入-费用"这一会计等式为理论依据,依照会计核算配比原则把企业同一时期的收入与相关费用进行配比,从而计算出企业一定时期的经营成果(利润或亏损),反映和说明企业某一期间经营活动收入支出及财务成果的形成情况。

10.3.2 利润表的作用

利润表是一张动态报表,它反映的是企业在经过一定会计期间的生产经营活动之后所取得的经营成果。利润表是会计报表中第二张主要的报表,它提供了评价企业经营管理效率,判定所有者投入资本的保全以及预测未来利润的现金流量的主要信息。具有以下作用:

(1)反映企业的经营规模。一个企业的经营规模可用营业收入的多少来反映。它不仅可说明企业各项收入的来源,而且通过前后两期的对比,还可揭示企业经营能力的变动情况。

(2)反映企业的成本、费用水平。在利润表中,有不少项目是反映企业成本、费用情况的,如主营业务成本、营业费用、管理费用等。它们不仅报告了企业各项费用的去向和水平,而且通过前后两期的对比,还可揭示企业成本、费用的变动情况。

(3)反映企业的获利能力。利润表提供了企业的营业利润、投资净收益和营业外收支等损益情况的各种资料,反映了企业的获利能力,显示了企业经营者的业绩。

(4)反映企业应纳所得税额。

(5)预测企业未来的利润发展趋势及获利能力。

10.3.3 利润表的内容和结构

1. 利润表的主要内容

利润表的内容主要包括营业收入、营业利润、利润总额、净利润和每股收益五个部分。利润表的表内项目的设置、分类和列示方法是按重要性相关性等会计核算原则和利润形成过程设计的。营业利润是形成企业利润的主要来源,企业利润的稳定性和持久性也由营业利润决定。同时,为了分析企业经营成果的变动趋势,利润表还列示了不同形式的收入和费用的"本期金额"和"上期金额",以便进行比较分析。

2. 利润表的结构

利润表的结构有单步式和多步式两种。我国《企业会计制度》规定,企业的利润表一般采用多步式利润表。多步式利润表把利润划分为不同层次,经过多个层次的收入与费用的配比,最终计算出净利润。多步式利润表便于对企业生产经营情况进行分析和预测,更有利于不同企业之间的比较研究。利润表格式,见表10-5所列。

利润表 表 10-5

会企 02 表

编制单位：　　　　　　　　　　　年　月　日　　　　　　　　　　　　　　单位：元

项目	本期金额	上期金额
一、营业收入		
减：营业成本		
营业税金及附加		
销售费用		
管理费用		
财务费用		
资产减值损失		
加：公允价值变动收益（损失以"-"号填列）		
其中：对联营企业和合营企业的投资收益		
二、营业利润（亏损以"-"号填列）		
加：营业外收入		
减：营业外支出		
其中：非流动资产处置损失		
三、利润总额（亏损总额以"-"号填列）		
减：所得税费用		
四、净利润（净亏损以"-"号填列）		
五、每股收益：		
（一）基本每股收益		
（二）稀释每股收益		

10.3.4　利润表的编制步骤

企业的利润表分以下三个步骤编制

第一步：以营业收入为基础，减去营业成本、营业税金及附加、销售费用、管理费用、财务费用、资产减值损失，加上公允价值变动收益（减去公允价值变动损失）和投资收益，减去投资损失，计算出营业利润。

第二步：以营业利润为基础，加上营业外收入，减去营业外支出，计算出利润总额。

第三步：以利润总额为基础，减去所得税费用，计算出净利润（或净亏损）。

10.3.5　利润表项目的填列方法

利润表各项目均需填列"本期金额"和"上期金额"两栏。

在编制中期利润表时，"本期金额"栏应分为"本期金额"和"年初至本期末累计发生额"两栏，分别填列各项目本中期（月、季或半年）实际发生额，以及自年初起至本中期（月、季或半年）末止的累计实际发生额。"上期金额"栏应分为"上年可比本中期金额"和"上年初至可比本中期末累计发生额"两栏，应根据上年可比中期利润表"本期金额"下对应的两栏数字分别填列。上年度利润表与本年度利润表的项目名称和内容不一致的，应对上年度利润表项目的名称和数字按本年度的规定进行调整。年终结账时，由于全年的收入和支出已全部转入"本年利润"科目，并且通过收支对比结出本年净利润的数额。因此，应将年度利润表中的"净利润"数字，与"本年利润"科目结转到"利润分配——未分配利润"科目的数字相核对，检查账簿记录和报表编制的正确性。

利润表"本期金额"、"上期金额"栏内各项数字，除"每股收益"项目外，应当按照相关科目发生额分析填列。

10.3.6 利润表项目的填列说明

（1）"营业收入"项目，反映企业经营主要业务和其他业务所确认的收入总额。

本项目应根据"主营业务收入"和"其他业务收入"科目的发生额分析填列。

（2）"营业成本"项目，反映企业经营主要业务和其他业务所发生的成本总额。

本项目应根据"主营业务成本"和"其他业务成本"科目的发生额分析填列。

（3）"营业税金及附加"项目，反映企业经营业务应负担的消费税、营业税、城市维护建设税、资源税、土地增值税和教育费附加等。

本项目应根据"营业税金及附加"科目的发生额分析填列。

（4）"销售费用"项目，反映企业在销售商品过程中发生的包装费、广告费等费用和为销售本企业商品而专设的销售机构的职工薪酬、业务费等经营费用。

本项目应根据"销售费用"科目的发生额分析填列。

（5）"管理费用"项目，反映企业为组织和管理生产经营发生的管理费用。

本项目应根据"管理费用"的发生额分析填列。

（6）"财务费用"项目，反映企业筹集生产经营所需资金等而发生的筹资费用。

本项目应根据"财务费用"科目的发生额分析填列。

（7）"资产减值损失"项目，反映企业各项资产发生的减值损失。

本项目应根据"资产减值损失"科目的发生额分析填列。

（8）"公允价值变动收益"项目，反映企业应当计入当期损益的资产或负债公允价值变动收益。

本项目应根据"公允价值变动收益"科目的发生额分析填列，如为净损失，本项目以"—"号填列。

（9）"投资收益"项目，反映企业以各种方式对外投资所取得的收益。

本项目应根据"投资收益"科目的发生额分析填列。如为投资损失，本项目以"—"号填列。

（10）"营业利润"项目，反映企业实现的营业利润。如为亏损，本项目以"—"号填列。

(11)"营业外收入"项目,反映企业发生的与经营业务无直接关系的各项收入。本项目应根据"营业外收入"科目的发生额分析填列。

(12)"营业外支出"项目,反映企业发生的与经营业务无直接关系的各项支出。本项目应根据"营业外支出"科目的发生额分析填列。

(13)"利润总额"项目,反映企业实现的利润。如为亏损,本项目以"—"号填列。

(14)"所得税费用"项目,反映企业应从当期利润总额中扣除的所得税费用。本项目应根据"所得税费用"科目的发生额分析填列。

(15)"净利润"项目,反映企业实现的净利润。如为亏损,本项目以"—"号填列。

10.3.7 利润表编制示例

华宇建筑公司 2008 年度有关损益类科目本年累计发生净额,见表 10-6 所列。

损益类会计科目 2008 年度发生净额　　单位:元　　表 10-6

会计科目	借方发生额	贷方发生额
主营业务收入		625000
主营业务成本	375000	
营业税金及附加	1000	
销售费用	10000	
管理费用	78550	
财务费用	20750	
资产减值损失	15450	
投资损益		15750
营业外收入		25000
营业外支出	9850	
所得税费用	56298	

根据以上所给资料,编制 2008 年度利润表,见表 10-7 所列。

利润表　　表 10-7
会企 02 表
编制单位:华宇建筑公司　　2008 年度　　单位:元

项目	本期金额	上期金额(略)
一、营业收入	625000	
减:营业成本	375000	
营业税金及附加	1000	

续表

项目	本期金额	上期金额（略）
销售费用	10000	
管理费用	78550	
财务费用	20750	
资产减值损失	15450	
加：公允价值变动收益（损失以"-"填列）	0	
投资收益	15750	
其中：对联营企业和合营企业的投资收益	0	
二、营业利润（亏损以"-"填列）	140000	
加：营业外收入	25000	
减：营业外支出	9850	
其中：非流动资产处置损失	（略）	
三、利润总额（亏损总额以"-"填列）	155150	
减：所得税费用	56298	
四、净利润（净亏损以"-"填列）	98852	
五、每股收益：	（略）	
（一）基本每股收益		
（二）稀释每股收益		

任务 10.4　如何进行简单财务分析

◆ 学习目标
了解简单财务分析考核指标的计算和应用

财务分析是指企业利用会计核算提供的资料（主要是财务会计报表），从反映建筑企业生产经营活动过程和结果的财务指标出发，采用专门的方法，对企业的财务状况和经营成果进行研究和评价，借以认识财务活动的规律，促进企业提高经济效益的一项财务管理活动，是会计工作的继续。

10.4.1　财务分析的目的和意义

编制了财务会计报告并不意味着会计工作的结束，编制和报送了会计报表只是向报表使用者提供了企业的财务状况和经营成果、现金流量等相关会计信息。

财务分析真正的价值在于通过财务报表的分析为决策者提供相关数据。企业只有通过财务分析才能把反映历史状况的数据（会计报表所列示的数据）转换成预计未来的有用信息。

1. 财务分析的目的

财务分析的主要目的一般可以概括为：研究和评价企业的财务状况与经营成果、预测未来的发展趋势、为财务报表使用者作出未来相关决策提供可靠的依据。具体来说，可归纳为以下几方面：

（1）投资者进行财务分析的目的。即通过财务分析评估投资风险和投资前景，以便作出正确的投资决策。

（2）企业债权人财务分析的目的。一是看其对企业的借款或其他债权是否能及时、足额收回，评价企业的偿债能力；二是看其收益状况与风险程度是否能相适应。有助于债权人的信贷决策。

（3）企业经营管理者财务分析的目的。即揭示与披露企业生产经营情况，全面、客观地掌握本企业的财务状况和经营成果，适时、合理地调整经营决策，促进经营管理水平的提高，进一步稳定持续地提高企业的获利能力。

（4）企业职工及其他有关方面的财务分析的目的。即评价企业提供劳动报酬、各项福利和就业机会的能力，掌握企业的信用状况。

（5）国家行政管理与监督部门（工商、税务、物价、审计等）财务分析的目的。一是监督检查企业对国家各项经济法规、政策、制度的执行情况，确保国家财政税收；二是保证企业财务会计信息和财务分析报告的真实性、准确性，以便为宏观经济调控提供可靠信息，为微观经济创造公平竞争的市场环境。

2. 财务分析的意义

通过财务分析，可以全面地评价和分析企业财务活动的过去，有效地控制财务活动过程，并能准确地预测企业财务活动的未来。具体意义主要表现如下：

（1）财务分析可以评价企业的经营业绩。
（2）财务分析可以评价企业的财务状况。
（3）财务分析可以评价企业的发展趋势。
（4）财务分析可以挖掘企业内部潜力。

10.4.2 财务分析的内容

（1）偿债能力分析。
（2）营运能力分析。
（3）获利能力分析。
（4）财务状况趋势分析。

上述四项财务分析内容相互联系，相互补充，可综合地描述企业生产经营的财务状况和经营成果，以满足各种财务信息使用者的需要。

10.4.3 财务分析的方法及应用

1. 财务分析的方法

财务分析的方法主要有比较分析法、比率分析法、趋势分析法、因素分析法几种。围绕财务分析的内容，最常用的、应用最广泛的分析方法为比率分析法。

比率分析法是指通过计算经济指标的比率，确定经济活动变动程度，来分析和评价企业财务状况和经营成果的一种分析方法。

通过比率分析法财务比率的计算，可以揭示下列财务信息：企业的偿债能力、营运能力、盈利能力及其变动趋势；企业对社会的贡献水平；企业经营管理水平等。

2. 财务分析指标及其计算

（1）反映企业偿债能力的分析指标

企业偿债能力是指企业对各种债务偿付的能力。到期不能清偿债务，表明企业财务状况不佳。

1）流动比率

流动比率是指企业一定时期流动资产同流动负债的比率。流动比率衡量企业短期偿债能力，评价企业偿债能力的强弱。计算公式为：

$$流动比率 = \frac{流动资产}{流动负债} \times 100\%$$

流动比率越高说明企业资金周转越快，短期偿债能力越强。一般要求流动比率达到或高于200%才足以表明企业财务状况稳妥可靠。一般认为200%为较好。流动比率过低，则说明企业资金不足，偿债能力低下。

2）速动比率

速动比率是企业一定时期的速动资产与流动负债的比率。速动比率衡量企业短期偿债能力，评价企业流动资产变现能力的强弱。计算公式为：

$$速动比率 = \frac{速动资产}{流动负债} \times 100\%$$

$$速动资产 = 流动资产 - 存货$$

速动比率越高，表明企业偿还流动负债的能力越强。速动比率一般保持在100%的水平较好，表明企业既有好的偿还债务能力，又有合理的流动资产结构。比率过低，表示偿债能力较弱。

3）资产负债率

资产负债率是指企业一定时期负债总额与资产总额的比率。资产负债率表示企业资产总额中有多少是通过负债筹集的，是评价企业负债水平的综合指标。计算公式为：

$$资产负债率 = \frac{负债总额}{资产总额} \times 100\%$$

资产负债率是衡量企业负债水平及风险程度的重要判断标准。适度的资产负债率既能表明企业投资人、债权人的投资风险较小，又能表明企业经营安全、稳健、有效，具有较强的筹资能力。一般认为，不高于50%的资产负债率为较好。比率过高，财务风险较大，偿债能力弱。比率过低，偿债能力较强，但也说明企业经营较保守。

（2）反映企业营运能力的指标

营运能力是指企业经营的效率高低，即资金周转速度快慢及其有效性。主要指标有：

1）总资产周转率

总资产周转率是指企业一定时期营业收入同平均资产总额的比率，是综合评价企业全部资产经营质量和利用效率的重要指标。计算公式为：

$$总资产周转率 = \frac{营业收入}{平均资产总额} \times 100\%$$

一般情况下，比率越高，周转速度越快，销售能力越强，资产利润率越高。

2）存货周转率

存货周转率是指企业一定时期营业成本与平均存货的比率，是衡量企业销售能力及存货管理水平的综合性指标。存货在建筑企业流动资产中占极大比重，其指标的计算尤为重要。计算公式为：

$$存货周转率 = \frac{营业成本}{平均存货} \times 100\%$$

一般情况下，该比率越高，表明企业资产由于销售（耗用）顺畅而具有较高的流动性，营业资金中用于存货的份额越小，从而增加了企业的获利能力。

反映营运能力的指标还有应收账款周转率、流动资产周转率，不再赘述。

（3）反映企业获利（盈利能力）的指标

盈利能力是企业获取利润的能力，它是衡量企业经营效果的重要指标。

1）总资产报酬率

总资产报酬率是指企业一定时期内获得的报酬总额与平均资产总额的比率，反映企业全部资产总体获利能力。计算公式为：

$$总资产报酬率 = \frac{（利润总额+利息支出）}{平均资产总额} \times 100\%$$

该比率越高，表明企业投入产出的水平越好，企业的资产运营越有效，获利能力越强。

2）净资产收益率

净资产收益率是指企业一定时期内净利润同平均净资产的比率，充分地体现了投资者投入企业的自有资本获取净收益的能力，突出反映了投资与报酬的关系，是评价企业资本经营效益的核心指标。计算公式为：

$$净资产收益率 = \frac{净利润}{平均净资产} \times 100\%$$

该比率越高，表明企业自有资本获取收益的能力越强，营运效益越好，对企业投资人、债权人的保证程度越高。

3）营业利润率

营业利润率是指企业一定时期营业利润同营业收入的比率，它表明企业每元营业收入能带来多少营业利润，反映了企业营业活动（主营业务）的获利能力，是评价企业经营效益的主要指标。计算公式为：

$$营业利润率 = \frac{营业利润}{营业收入} \times 100\%$$

一般来说，营业利润率越高，说明主营业务市场竞争能力越强，企业获利能力越强，营业收入的收益水平越高。

4）成本费用利润率

成本费用利润率是指企业在一定时期的利润总额同企业成本费用总额的比率，它表示企业为取得利润而付出的代价，从企业支出方面补充评价企业的收益能力。计算公式为：

$$成本费用利润率 = \frac{利润总额}{成本费用总额} \times 100\%$$

该比率越高，表明企业为取得收益所付出的代价越小，企业成本费用控制得越好，企业的获利能力越强。

（4）反映企业发展能力的指标（财务状况趋势分析）

企业的发展能力反映企业扩大经营规模，增加资产和积累，保持持续发展的能力。

企业只有通过不同时期的财务状况的对比分析才能看出其发展趋势，才能为企业将来的发展提供正确的决策依据。指标主要有：

1）总资产增长率

$$总资产增长率 = \frac{本期总资产增长额}{资产总额} \times 100\%$$

总资产增长率能够衡量本期资产规模的增长情况，评价企业经营规模总量上的扩张程度，是考核企业发展能力的重要指标

2）资本保值增值率

$$资本保值增值率 = \frac{年末所有者权益}{年初所有者权益} \times 100\%$$

反映了投资者投入资本的保全性和增长性。比率越高，表明企业资本保全状况越好，所有者的权益增长越快，债权人的债务越有保障，企业发展后劲越强。

3. 财务分析指标的运用

【例10-1】根据华宇建筑公司2008年编制的资产负债表（表10-4），2008年度的利润表（表10-7）等资料，试计算资产负债率、流动比率、总资产周转率、存货周转率、净资产收益率、营业利润率、总资产增长率和资本保值增值率等几项财务分析指标，并通过计算结果，对华宇建筑公司的偿债能力、营运能力、盈利能力和发展能力进行简要的分析、评价。

【解】（1）根据会计报表计算财务分析指标

1）资产负债率

$$资产负债率 = \frac{1456373.43}{4114117.50} \times 100\% = 35.40\%$$

2）流动比率

$$流动比率 = \frac{2069667.50}{796373.43} \times 100\% = 259.89\%$$

3）总资产周转率

$$总资产周转率 = \frac{625000}{(4114117.50+4300700.00)/2} \times 100\% = 14.85\%$$

4）存货周转率

$$存货周转率 = \frac{375000}{(1242350+1290000)/2} \times 100\% = 29.62\%$$

5）净资产收益率

$$净资产收益率 = \frac{98852}{(2657744.07+2575000)/2} \times 100\% = 3.78\%$$

6）营业利润率

$$营业利润率 = \frac{140000}{625000} \times 100\% = 22.4\%$$

7）总资产增长率

$$总资产增长率 = \frac{4114117.50-4300700}{4300700} \times 100\% = -4.34\%$$

8）资本保值增值率

$$资产保值增值率 = \frac{2657744.07}{2575000} \times 100\% = 103.21\%$$

（2）简要分析

根据上述财务指标的计算结果可知：华宇建筑公司 2008 年度整体财务状况、经营效益良好。经营期间，企业短期和长期偿债能力较强，财务风险不大，企业盈利水平和投资者自有资本获利能力较好，债权人权益有所保障。经过会计期间的营运，虽然企业资产经营规模有所缩减，但没有影响资本的保全，而且还实现了一定的增值，表明企业的经营是安全、稳健的，但还需提高资金的利用效率，加速资金周转，努力提高企业经营管理水平和扩展经营效益。

想一想

1.什么是财务会计报告？
2.财务会计报告的作用是什么？
3.会计报表有什么作用？
4.资产负债表的作用有哪些？

5. 利润表有什么作用？
6. 利润表的编制步骤是什么？
7. 什么是财务分析？
8. 财务分析的目的是什么？
9. 财务分析的意义是什么？
10. 财务分析的内容包括哪几个方面？

做一做

1. 财务会计报告可以分为_____和_____财务会计报告。
2. 财务会计报告包括_____、_____、_____三部分，其中_____是财务会计报告的核心内容。
3. 会计报表是指_____、_____、_____和_____以及相关附表。
4. 会计报表的基本结构是由_____、_____和_____三个部分构成的。
5. 会计报表的编制要求为_____、_____、_____、_____。
6. 资产负债表是反映企业在某一特定日期_____的报表。
7. 资产负债表编制的理论依据是_____。
8. 资产负债表中资产项目按_____排列，负债项目按_____排列，所有者权益项目按_____排列。
9. 资产负债表的格式主要有_____和_____两种。我国资产负债表采用_____结构。
10. 资产负债表主要反映_____、_____、_____三个方面内容。
11. 利润表是指反映企业在_____的_____的会计报表。其编制的理论依据是_____。
12. 利润表的内容包括_____、_____、_____、_____和_____五个部分。
13. 利润表的结构有_____和_____两种，我国采用_____结构的利润表。
14. 财务分析的方法有_____、_____、_____和_____几种。其中最常见、最有用的是_____。
15. 下面财务指标中，反映企业偿债能力指标的是_____，反映企业营运能力指标的是_____，反映企业盈利能力指标的是_____，反映企业发展能力指标的是_____。

  A．流动比率   B．营业利润率   C．总资产周转率
  D．资产负债率   E．净资产收益率   F．总资产报酬率
  G．资本保值增值率 H．总资产增长率

练一练

1. 目的

财务分析指标的计算及简单分析。

2. 资料

某企业年度资产负债表和利润表中，某年年末有关财务状况和经营成果的资料统计如下：

资产总额 6275 万元　　　　　负债总额 2215 万元

所有者权益总额 4060 万元（年初为 3535 万元）

流动资产合计 3650 万元　　　流动负债合计 1865 万元

利润总额 3500 万元　　　　　营业收入 14375 万元

营业利润 2855 万元

3. 要求

（1）计算流动比率、资产负债率、营业利润率、净资产收益率、资本保值增值率各为多少？

（2）对各项财务指标进行简单的分析。

任务 11

了解会计工作组织

任务 11.1 认识会计机构和会计人员

◆学习目标
了解会计机构的设置、会计人员的配备、会计人员素质和职业道德修养

会计工作组织是完成会计工作任务、发挥会计工作作用的重要保证。正确组织会计工作,就是要求企业、行政事业单位设置合理的会计机构,配备适当的会计人员以及建立和执行各项会计制度,以达到加强管理的目的。

11.1.1 会计机构

会计机构是组织处理会计工作的职能机构。合理设置会计机构是保证会计工作顺利进行的首要条件。

1. 会计机构的设置

我国会计机构实行分级管理、分工负责制度。根据《会计法》规定,国务院财政部门设置会计事务管理机构,管理全国的会计工作;地方各级人民政府的财政部门设置财会管理部门,管理本地区会计工作;各级企业单位根据会计业务的需要，设置本单位的会计机构或者在有关机构中设置会计人员，并指定主管人员。如果单位既没有设置会计机构，也没有配备专职人员，则应当委托经批准设立从事会计代理记账业务的中介机构代理记账。各级财会部门接受上级主管部门的指导和监督；上级主管部门在统一规划、统一领导的前提下，发挥各级政府及企业的工作积极性。

2. 会计机构的内部组织形式

企业会计机构的内部组织形式一般可分为独立核算机构、半独立核算机构和报账单位。

（1）独立核算机构

实行独立核算的企业必须具备一定的条件，通常要有一定的自有资金，有独立经营自主权，能够编制计划，单独计算盈亏，单独在银行开户，并经工商行政部门注册登记。

实行独立核算单位的核算组织形式可分为集中核算和分散核算两种。集中核算是账务工作汇总在会计部门进行，其优点是可以减少核算环节，简化核算手续，有利于掌握全面经营情况和精简人员。分散核算是指企业所属的分厂、分部的凭证、账表向会计部门报账（这种单位称为报账单位），或由部门编制本部门的会计报表送会计部门汇总（这种单位称为半独立核算单位）。一个企业实行集中核算还是分散核算，应视企业规模的大小和经营管理的要求来决定。

（2）半独立核算机构

独立核算企业所属的分厂、分部，其规模比较大，生产、经营上具有一定的独立性，但不具备完全独立核算的某些必要条件，如没有独立的资金，不能在银行单独开户等，就实行半独立记账并编制会计报表，然后将会计报表送会计部门汇总。其优点是能使部门负责人和职工及时掌握生产成本和财务成果，便于动员职工参与企业管理。

（3）报账单位

报账单位是指企业内部不单独计算盈亏，只记录和计算几个主要指标，进行简易核算，以考核其工作质量的单位和部门。这些单位和部门平时只向上级领用备用金，定期向上级报销，所有收入全部解缴上级，由财会部门集中进行核算。

3. 会计机构内部的岗位设置

会计机构内部要求进行合理的分工，建立与健全岗位责任制。大中型企业工作内容比较繁杂，一般有资金核算，成本、费用核算，销售、利润核算，内部稽核及综合编表等工作，需要配备会计员、出纳员、成本员、稽核员、综合员等进行分工合作。在这些单位中，可以根据业务繁简设置专业科，但须严格执行岗位责任制。在会计人员不多的会计部门，可以根据工作内容划分各个会计人员的职权范围，实行一人一岗、一人多岗或一岗多人，各司其职，各负其责。

4. 会计机构内部控制制度和牵制制度

会计机构要建立健全稽核制度，对会计凭证、会计账簿、会计报表等会计资料的真实性和可靠性进行控制，包括账证、账账、账表、账实核对的控制，财产物资的采购、验收、保管、盘点、现金管理等方面的控制。

《会计法》规定，出纳人员不得兼管稽核、会计档案保管和收入、费用、债权债务账目的登记工作。会计机构需加强内部牵制制度，坚持账、钱、物分管，会计与出纳分管，经办与审批分管，以防止错误和弊端。

11.1.2 会计人员

配备适当的会计人员是单位会计工作得以正常开展的重要条件。

1. 设置总会计师

《会计法》规定，国有的和国有资产占控股地位或者主导地位的大、中型企业必须设置总会计师，负责组织领导本单位的会计核算和会计监督等方面的工作。总会计师由具有会计师以上专业技术资格的人员担任。总会计师的任职资格、任免程序、职责权限按《总会计师条例》规定办理。

2. 会计人员的职责权限

会计机构应该按照精简节约、提高素质和廉洁奉公的原则配备会计人员，并赋予必要的工作职责和权利，以便切实完成会计工作任务。会计人员的职责主要有：

（1）切实按照法律、法规的规定，完成会计工作任务，发挥会计工作在维持社会主义市场经济秩序，加强经济管理和提高经济效益等方面的作用。

（2）坚持原则，维护会计法律、法规制度，反对贪污浪费和违法乱纪行为。切实制止变造、假造账目、违法乱纪和伪造会计报表，保障会计资料的正确性。

（3）忠于职守，廉洁奉公，自觉抵制不正之风，自觉接受内部监督，自觉接受财政、审计和税务部门的监督。

（4）重科学、讲技术、顾大局、讲效益，提高从事本职工作的品质和能力，遵守会计人员的职业道德。

会计人员的权限主要有：

（1）有权要求本单位和有关部门的领导和人员认真执行财政纪律和财务会计制度，共同按政策和制度办事。

（2）有权监督、检查本单位有关部门的资金活动、财务收支和物资管理情况，保证财产真实，收支合法、合理。

（3）有权如实反映情况，对不真实、不合理的原始凭证不予受理，对不符合实际情况的账务记录作出反应，对不符合事实的会计报表予以抵制。

（4）有权对贪污浪费和违法收支的行为予以制止和纠正，并有权向单位领导或上级有关部门提出报告。

11.1.3 会计人员素质和职业道德修养

1. 会计人员素质

会计人员素质是指会计人员从事本职工作应具备的品质和能力，是完成会计工作任务的基本条件。它包括思想道德、专业知识、工作技能和改革创新四个方面。

（1）思想道德素质。内容包括坚持原则、秉公办事、热爱本职工作和有责任感。

（2）专业知识素质。内容包括熟悉并掌握国家有关政策和会计的基本理论和知识。

（3）工作技能。内容包括处理会计工作的技术和能力。

（4）改革创新。内容包括对社会主义市场经济的认识和掌握现代化管理技术、计算技术的要求和态度。

2. 会计人员职业道德修养

会计人员的职业道德一般是指会计人员的最高行为准则。这种行为准则必须体现三个特点：一是必须突出会计职业的特点，符合会计职业的要求；二是应该言简意明，便于记忆；三是应该联系会计工作实际，但又要与会计工作有所区别。

财政部于1996年发布了《会计基础工作规范》，要求会计人员遵守职业道德，树立良好的职业品质，严谨的工作作风，严守工作纪律，努力提高工作效率和工作质量。具体做到：

（1）敬业爱岗。即热爱本职工作，努力钻研业务，使自己的知识和技能适应所从事工作的要求。

（2）熟悉法规。即熟悉财经法律、法规和国家统一会计制度，并结合会计工作进行广泛宣传。

（3）依法办事。即按照会计法律、法规和国家统一会计制度规定的程序和要求进行会计工作，保证所提供的会计核算资料合法、真实、准确、及时、完整。

（4）客观公正。即办理会计事务应当实事求是、客观公正。

（5）搞好服务。即熟悉本单位的生产经营和业务管理情况，运用掌握的会计信息和会计方法，为改善本单位内部管理、提高经济效益服务。

（6）保守秘密。即保守本单位的商业秘密，除法律规定和单位领导人同意外，不能私自向外界提供或者泄露单位的会计信息。

任务 11.2 了解会计法规

◆ 学习目标
了解会计法规的主要内容

会计法规是我国经济法规的一个组成部分。它是由国家和地方立法机关及中央、地方各级政府和行政部门制定颁发的有关会计方面的法律、法规、制度、办法和规定。这些法律、法规和制度是贯彻国家有关方针、政策和加强会计工作的重要工具，是处理会计工作的规范。

会计法规体系可以从法律来源上划分为下列几个层次：一是由全国人民代表大会统一制定的会计法律，如《中华人民共和国会计法》(简称《会计法》)，它是一部规范我国会计活动的基本会计法规；二是由国务院（或财政部）制定的会计行政法规，如《企业会计准则》，是按照基本法规的要求制定的专项会计法规，是制定企业会计制度的依据；三是由企业根据财政部制定的《企业会计准则》和统一的会计制度结合企业具体情况制定的会计核算办法。现分别说明如下。

11.2.1 《会计法》

1985年国家公布的《中华人民共和国会计法》(以下简称《会计法》)是我国第一部会计大法。以后经过1993年和1999年两次修订，其目的在于规范会计行为，保证会计资料真实完整，保障会计人员依法行使职权，加强经济管理，提高经济效益和维护社会主义市场经济秩序。

新修订的《会计法》共分七章五十二条，其中包括：总则，会计核算，公司、企业会计核算的特别规定，会计监督，会计机构和会计人员，法律责任，附则。现将其主要内容简述如下：

1. 对会计核算的规定

（1）《会计法》规定："不得以虚假的经济业务事项或者资料进行会计核算。"应当办理会计手续。进行会计核算的事项有以下几点：

1）款项和有价证券的收付；
2）财物的收发、增减和使用；
3）债权债务的发生和结算；
4）资本、基金的增减；
5）收入、支出、费用、成本的计算；
6）财务成果的计算和处理；
7）其他需要办理会计手续、进行会计核算的事项。

（2）《会计法》还规定了对会计核算的基本要求，包括对会计年度、记账本位币的规定；对会计凭证、会计账簿、会计报表和其他会计资料的规定，以及会计核算程序的规定。

2. 对会计监督的规定

（1）《会计法》规定了会计监督的主体和对象以及监督的内容。会计监督的主体是本单位的会计机构和会计人员；监督的对象是本单位的经济活动，也就是内部会计监督。内部会计监督的内容主要包括三个方面：一是对原始凭证的监督；二是对财产物资的监督；三是对财务收支的监督。

（2）《会计法》规定各单位应当建立健全本单位内部会计监督制度，并应符合下列要求：

1）明确记账人员与经济业务事项和会计事项的审批人员、经办人员与财物保管人员的职责权限，并相互分离、相互制约；

2）明确重大对外投资、资产处置、资金调度和其他重要经济业务事项的决策和执行的相互监督、相互制约程序；

3）明确财产清查的范围、期限和组织程序；

4）明确对会计资料定期进行内部审计的办法和程序等。

（3）《会计法》规定单位负责人、社会中介组织、政府有关部门在会计监督中的责任：

1）规定单位负责人应当保证会计机构、会计人员依法履行职责，不得授意、指使、强令会计人员违法办理会计事项；

2）规定会计机构、会计人员对违反《会计法》和统一会计制度规定的会计事项，有权拒绝办理或者按照职权予以纠正，并有权检举；

3）按规定须经注册会计师进行审计的单位，应向委托单位如实提供有关会计凭证、账簿、财务会计报告和其他会计资料情况。任何单位和个人不得以任何方式要求或示意受托方出具不实或者不当的审计报告；

4）财政部门对各单位的账簿设置，各项会计资料是否真实、完整，会计核算是否符合规定以及会计工作人员是否具备从业资格等情况实施监督，并有权对会计事务所出具审计报告的程序和内容进行监督；

5）财政、审计、税务、人民银行、证券监管、保险监管等部门应当依照有关法规对有关单位的会计资料实施监督检查。有关单位应接受检查，并如实提供会计资料及有关情况。有关监督检查部门已经作出的检查结论能满足其他部门需要的应当加以利用，避免重复查账，并负有保密义务。

3. 关于会计机构和会计人员的规定

（1）《会计法》规定，各单位应当根据会计业务的需要，设置会计机构，或者在有关机构中设置会计人员并指定会计主管人员；不具备设置条件的，应当委托经批准设立从事会计代理记账业务的中介机构代理记账。国有的和国有资产占控股地位或者主导地位的大、中型企业必须设置总会计师。

（2）《会计法》规定，会计机构内部应建立稽核制度。出纳人员不得兼任稽核及会计档案保管和收入、支出、费用、债权债务账目的登记工作。

（3）《会计法》规定，从事会计工作的人员，必须取得会计从业资格证书。单位机构负责人和会计主管人员还应具备会计师以上专业技术职务资格或从事会计工作三年以上经历；会计人员调动工作或离职，必须办清交接和监交手续。会计人员因提供虚假财务会计报告，做假账，隐匿或者故意销毁会计凭证、会计账簿、财务会计报告，贪污、挪用公款，职务侵占等与会计职务有关的违法行为被依法追究刑事责任的人员，不得取得或者重新取得会计从业资格证书。如因违法违纪行为被吊销会计从业资格证书的人员，自被吊销会计从业资格证书之日起五年内，不得重新取得会计从业资格证书。

4. 对违反《会计法》的法律责任规定

（1）《会计法》规定，对不依法设置会计账簿的；私设会计账簿的；未按照规定填制、取得原始凭证或者填制、取得的原始凭证不符合规定的；以未经审核的会计凭证为依据登记会计账簿或者登记会计账簿不符合规定的；随意变更会计处理方法的；向不同的会计资料使用者提供的财务会计报告编制依据不一致的；未按照规定使用会计记录文字或者记账本位币的；未按照规定保管会计资料，致使会计资料毁损、灭失的；未按照规定建立并实施单位内部会计监督制度或者拒绝依法实施的监督或者不如实提供有关会计资料及有关情况的，任何会计人员不符合《会计法》规定的等各种行为之一者，应由财政部门责令限期改正，并对单位处以三千元至五万元的罚款，对直接负责的主管人员和其他直接责任人员处以二千元至二万元的罚款，国家工作人员还要依法给予行政处分。

（2）《会计法》规定，有伪造、变造会计凭证、会计账簿，编制虚假财务会计报告；隐匿或者故意销毁依法应当保存的会计凭证、会计账簿、财务会计报告；授意、指使、强令会计机构、会计人员及其他人员伪造、变造会计凭证、会计账簿，编制虚假财务会计报告或者隐匿、故意销毁依法应当保存的会计凭证、会计账簿、财务会计报告；单位负责人对依法履行职责、抵制违反法规行为的会计人员以降级、撤职、调离工作岗位、解聘或者开除等方式实行打击报复等行为，构成犯罪的要依法追究刑事责任，尚不构成犯罪的，可分情况，依法处以不同的罚款，属于国家行政人员的还要给予行政处分，并吊销会计从业资格证书。

11.2.2 会计准则

1. 会计准则的概念及分类

会计准则也称会计原则，它是处理会计工作的规范，制定会计制度的依据，也是评价会计信息质量的标准。为了适应社会主义市场经济和对外开放的需要，经国务院批准，财政部于1992年11月发布了《企业会计准则》，并自1993年7月1日起执行。

我国会计准则体系，包括基本准则和具体准则两类。基本会计准则是进行会计核算工作必须遵守的基本要求，财政部1992年发布的《企业会计准则》即属于基本会计准则。具体会计准则是以基本会计准则为依据，规定各会计要素确认、计量的原则和对会计处理及其程序作出具体规定，将准则的要求具体化。

2.《企业会计准则——基本准则》的内容

《企业会计准则——基本准则》共分十一章五十条，主要内容包括会计计量，会计基本前提，会计核算质量要求，会计要素准则，财务会计报告等几方面的内容。有关这几方面的具体内容已在本书有关章节中述及，这里不再重复。

3.《企业会计准则——具体准则》的内容

2007年1月1日公布执行的38项具体准则，其内容涉及各类会计实务，主要是：

第1号	存货	第20号	企业合并
第2号	长期股权投资	第21号	租赁
第3号	投资性房地产	第22号	金融工具确认和计量
第4号	固定资产	第23号	金融资产转移
第5号	生物资产	第24号	套期保值
第6号	无形资产	第25号	原保险合同
第7号	非货币性资产交换	第26号	再保险合同
第8号	资产减值	第27号	石油天然气开采
第9号	职工薪酬	第28号	会计政策、会计估计变更和差错更正
第10号	企业年金基金	第29号	资产负债表日后事项
第11号	股份支付	第30号	财务报表列报
第12号	债务重组	第31号	现金流量表
第13号	或有事项	第32号	中期财务报告
第14号	收入	第33号	合并财务报表
第15号	建造合同	第34号	每股收益
第16号	政府补助	第35号	分部报告
第17号	借款费用	第36号	关联方披露
第18号	所得税	第37号	金融工具列报
第19号	外币折算	第38号	首次采用企业会计准则

11.2.3 企业会计制度

1. 制定企业会计制度的基本原则

会计制度是处理会计事务的规则、程序和方法的总称，是进行核算的规范和准则。企业会计制度是企业的一项重大制度，一般要遵守以下几条原则：

（1）要符合《会计法》及国家其他有关法律和法规的规定。

（2）要符合《企业会计准则》的要求。

（3）要结合企业生产经营的具体情况，在不违反有关会计法律、行政法规和《企业会计制度》的前提下，制定适合于本企业的具体会计核算办法。

2. 企业会计制度的基本内容

企业会计制度是各项会计事务的具体处理办法，通常包括以下几个方面：

（1）有关会计制度的原则规定。一般称为总则，包括会计制度制定的依据和实施范围以及会计应遵循的基本前提和会计信息质量要求等。

（2）有关会计核算的具体规定。包括会计科目及其使用方法的规定；填制会计凭证、登记会计账簿、记账程序和记账方法的规定；财务会计报告的格式及其编制方法，以及有关财产管理、成本计算方法的规定等。

（3）有关财产清查，会计人员交接和会计档案管理方面的规定。

想一想

1. 企业应如何设置会计机构，配备会计人员？
2. 会计机构内部组织形式有哪几种？
3. 会计人员的职业道德包括哪些内容？
4. 什么是《会计法》？为什么要制定《会计法》？
5. 什么是会计准则？我国制定的会计准则包括哪些内容？

参考文献

[1] 杨成贤.三天学会当会计.北京：经济科学出版社，2008.

[2] 李海波，蒋瑛.会计基础.北京：中国财政经济出版社，2007.

[3] 李跃珍.建筑企业会计.北京：中国建筑工业出版社，2004.

[4] 顾振华.财务管理.北京：机械工业出版社，2004.

[5] 崔也光，黄毅勤，许群.施工企业会计实务.北京：中国市场出版社，2008.

[6] 国瑞会计研究中心.建筑施工企业会计核算实务.北京：中华工商联合出版社，2008.

[7] 会计从业资格考试辅导教材编审组.会计基础.北京：经济科学出版社，2008.

[8] 企业会计准则研究组.企业会计科目手册.大连：东北财经大学出版社，2008.